新時代の道徳を考える

いま善悪をどうとらえ、教えるべきか

大川隆法 Ryuho Okawa

まえがき

七十年余り前の大東亜戦争《だいとうあせんそう》が、日本の敗北《はいぼく》で終わったため、国家の法体系《ほうたいけい》が崩《くず》れたのみならず、宗教の屋台骨《やたいぼね》も揺《ゆ》さぶられ、戦前、戦中の道徳も否定されがちである。「神風特攻隊《かみかぜ》」や「靖國《やすくに》で会おう」という言葉が、狂気のテロ集団に対するのと同じ文脈《ぶんみゃく》で語られ、神も魂《たましい》も否定されがちだ。哲学も抽象的《ちゅうしょうてき》な言葉遊びとなり、人間機械論的な幸福論が蔓延《まんえん》しているのが、この日本の現在であるし、先進国や、共産主義系の国にもその傾向が強い。

本来は宗教的真理に立ち返って、いま善悪をどうとらえ、教えるべきかを考えるべきであろう。しかし、宗教を「アヘン」にたとえたマルクス的な単純化《たんじゅんか》が、ある種のウイルス病として、広がり続けている現今《げんこん》、新時代の道徳を考えるヒントが必要だろう。週刊誌が道徳のテキストと化し、週刊誌から飛び出してきたような芸人が、小悪魔的に道徳を語る時代が、長くは続いてはならない。

二〇一六年　一月十三日

幸福《こうふく》の科学《かがく》グループ創始者兼総裁《そうししゃけんそうさい》　大川隆法《おおかわりゅうほう》

新時代の道徳を考える　目次

まえがき　1

新時代の道徳を考える
――いま善悪をどうとらえ、教えるべきか――

二〇一五年十月三十一日　収録
東京都・幸福の科学　教祖殿《きょうそでん》　大悟館《たいごかん》にて

新時代の道徳を考える

――いま善悪をどうとらえ、教えるべきか――

二〇一五年十月三十一日　収録

東京都・幸福の科学　教祖殿《きょうそでん》　大悟館《たいごかん》にて

［インタビュアー］

大川直樹《なおき》（幸福の科学上級理事　兼《けん》　宗務《しゅうむ》本部第二秘書局担当）

［収録時点・幸福の科学理事　兼　宗務本部第一秘書局長］

1　今、どのような「道徳」が必要とされているのか

道徳教育に梃入《てこい》れしようとしている文科省

大川隆法　本日は、「新時代の道徳を考える」というテーマで話をしたいと思います。

やはり、学校教育に関して、いろいろと方向が定まっていない現代においては、学校で宗教をそのままのものとして使えないため、道徳あたりが中心になるのでしょう。

ところが、その道徳もまた、「どういう道徳なら、新しい時代に向けて必要なものなのか」ということが分かりにくくなっているのではないかと思います。

また、道徳については、現在、文科省等も梃入《てこい》れするつもりのようであり、今後、さまざまな案が提示されるだろうとは思いますが、宗教としても、ひとつ考えてみる必要があるのではないでしょうか。

ただ、宗教的な真理には、どちらかといえば、この世を超越《ちょうえつ》した部分がそうとうあるので、それをそのまま、この世の、人間が生きている世界には投影《とうえい》しにくい部分もあるわけです。

その意味で、「道徳というのは、かなり、宗教の本質部分をこの世的に置《お》き換《か》えたというか、分かりやすくしたものなのかな」というようには感じています。

●文科省等も……　文部科学省は2015年3月に学習指導要領の一部を改正し、道徳の時間を「特別の教科」に格上げした。道徳科に検定教科書を導入し、いじめの問題への対応を充実する、問題解決的な学習を取り入れるなど、指導方法を工夫していく。小学校では2018年度から、中学校では2019年度から完全実施される。

道徳とは、「道《みち》」の「徳《とく》」と書きますが、「人間として生きる道」を説いているものであろうし、「その道に則《のっと》って生きていけば、人間としての徳が生じる」というような考えでもあるでしょう。

ただ、「今、どのような道徳があればよいか」ということを、一言《ひとこと》で言おうとしても、それは難しいことかもしれません。

例えば、昔の宗教においても、「モーセの十戒《じっかい》」など、「戒律」風《ふう》に出ているものについては、道徳との区別がほとんどつかないところはあります。しかし、現代では、法律がかなり整備されている面があり、専門的な各種の法律がいろいろとあるので、そうした専門的なものについては、法律に任《まか》されている面もあるわけです。

むしろ、そうした法律と宗教の間に、「基本的な人間の生き方の指針」になるようなものとしての道徳が、必要とされているのではないでしょうか。

質問に答えるかたちで「自分の考え」を明らかにしたい

大川隆法　さて、今日は、（大川直樹《なおき》を指して）道徳に詳《くわ》しい方をお迎《むか》えしていますので、みなさんの代わりに質問していただくことで、多少、具体性を出しながら、例えば、「〇〇については、どのように考えるのか」というように、自分の考えを、一つひとつ明らかにしていきたいと考えています。

そうすることによって、世間一般《せけんいっぱん》で考えられている道徳との違《ちが》いが明らかになるでしょう。

また、宗教的信条をバンと投げただけでは、それを解釈《かいしゃく》して、日常生活に生

◆新時代の道徳へのヒント①

道徳とは、「道《みち》」の「徳《とく》」と書きますが、「人間として生きる道」を説いているものであろうし、「その道に則《のっと》って生きていけば、人間としての徳が生じる」というような考えでもあるでしょう。

かし切れないでいる人たちに、もう少し分かりやすい道が開けるのかなと感じています。

別な置き換えをすれば、世の中には、法律で仕切《しき》られているものもあれば、学校のように、校則で仕切られているものもあるわけです。宗教と道徳の関係にも、ややそのようなところがあるのかなという気はします。

つまり、道徳そのものは、必ずしも罰則《ばっそく》を伴《ともな》っているものではないし、「できれば、そのようにありたいものだ」という思いが入っているものだとは思うので、必ずしも強制力を伴うものではありません。あくまでも、「人を、よい方向に感化していこうとしているものではないか」と私は思っています。

それでは、ざっくばらんに、さまざまなことについて、「今後は、どのように考えていけばよいのか」というようなことを、直樹さんのほうから訊《き》いてもらって、一つひとつ考えていこうかと思います。

2 「善悪」をどう教えればよいか

知識だけを教えても、「徳力」あるエリートは育たない

大川直樹　それでは、改めまして質問させていただきます。冒頭《ぼうとう》で学校教育に関するお話を頂きましたが、「子供たちに、どう道徳を伝えていくか」という意味で、やはり、大人や親、教師というのは大切な立場に立っていると思います。そこで、まずは「学校の道徳」について質問させていただきます。

「小中学校では、二〇一八年度以降、道徳が『特別の教科』化される」という話が出ていますが、教科化の理由として、「道徳教育の現状が、期待される姿とは程遠《ほどとお》い」と説明されています。この指摘《してき》の背景には、やはり、「道徳を、どう教えればよいのかが分からない」という、先生がたの苦悩《くのう》もあるのではないでしょうか。

その苦悩の一つに、「教師の価値観」や「子供たちの自由」ということを考えると、「善悪を、どのように道徳に取り込《こ》んでいくか」という問題があるかと思います。

まずは、「道徳における善悪の取り入れ方」「道徳において、善悪をどのように教えていけばよいのか」ということについて、教えていただければと思います。

大川隆法　そもそも、「善悪が必要だと思っているかどうか」というところに疑問がないわけではありません。学校は、基本的に、知識や技能を教えるようなところになっているようには見えます。

また、学校だけでは足りなくて、塾《じゅく》が発達しているわけです。そして、塾では、高度な知識に加え、さらには、受験テクニックに絡《から》む内容等を教えているようにも見えます。

そういう意味では、学校も塾も、どちらかといえば、頭脳訓練に偏《かたよ》った教育系統になっているのではないでしょうか。

ただし、明治維新《いしん》以前、徳川《とくがわ》末期などに繁栄《はんえい》していた各種さまざまな塾は、いわゆる知育としての知識も教えてはいましたが、同時に、「道徳」というべきものというか、「人間の生きるべき道」「人倫《じんりん》の道」のようなものも教えていました。ここに、最大の違《ちが》いがあるのかなという気がします。

つまり、「人間として、こういう場合にどう考えるべきか。どう考えるのが正しいのかということについて、考える材料なり、ヒントなりを与《あた》える」という教育の仕方があるわけです。

しかし、そういうものではなくて、「これを覚《おぼ》えなさい。どれだけ覚えたかでテストをすれば点数がつきます。点数の高い者が偉《えら》いのです」というかたちで教育がなされ、あとの出世がいろいろと決まっていくとなれば、どうでしょうか。

やはり、「そのなかで選ばれたエリートたちに、人を導いていくだけの徳力がない」ということは、十分にありうるのではないかと思うのです。

「人間の生きるべき道」を教えていない英文学に悩《なや》んだ夏目漱石《なつめそうせき》

大川隆法　もちろん、善悪を考えるような内容を含《ふく》んでいるテキストがあるのなら、それに基《もと》づいたテストがよくできた人は、そうした見解を持つことができると思います。しかし、現実の内容そのものは、そのようになっていません。

一方、昔の漢学の塾であれば、儒教《じゅきょう》の『論語』をはじめとする、孔子《こうし》のさまざまな教えを教えていましたが、それは単に、漢文を読む技術を教えるだけでもなく、「知識として暗記しなさい」というだけでもありませんでした。やはり、「それをもとに、人間として、大人になってからの生きる道を考える」という方針があったと思うのです。

それで物足《ものた》りなければ、まだほかの書物もあったわけで、そのあたりの昔の学習においては、「人間の生きるべき道」というものを求めていたところが大きいのではないでしょうか。

ところが、文明開化してから、夏目漱石《なつめそうせき》が悩《なや》んだようなことが起きたわけです。

当時、漱石は、「自分は漢学ができて、漢文をかなり読める。これこそが文学だ」と思っていました。しかし、彼が「文学だ」と思っていたものは、実は、中国の古典だったのです。それは、「歴史」であると同時に、「人間の生きるべき道」や「正義とは何か」というようなことを、かなり問いかけているものでした。

そのため、漱石は、「自分が幼少時から読んできた漢籍《かんせき》と、英文科卒として、ロンドンに留学して学んだ英文学とでは、どうも文学でも種類が違う。漢文学と英文学とでは種類が違う」と感じたのです。

英文学では、「人間の生きる道」を教えているわけではありません。むしろ、「社会の世相を反映したもの、あるいは、天国へ行こうが地獄《じごく》へ行こうが、個人主義的な生き方や面白《おもしろ》い人生について表現したものであれば、文学的価値がある」というような考え方をします。

こうした文学観の違いで、漱石はかなり壁《かべ》にぶつかったようです。要するに、英文学をいくら読んでも、かつて漢籍を読んだような面白さがなかったのでしょう。

現代は「まねをしてもよいもの」が選ばれていない時代

大川隆法　この感じは、私もよく分かります。これは、「現代小説を読んでも、中身のある古典を読んだような面白さがない」と私が感じるのと、おそらく同じことだろうと思うのです。

「そのなかに、哲学《てつがく》なり、人間としての徳を磨《みが》くようなものがないもの」、つまり、「社会現象や自分の経験など、いろいろなことについて、文章を連《つら》ねて書いただけのもの」を数多く読まされるわけです。

もちろん、言葉の知識や、さまざまな経験的なものは入ってくるかもしれません。しかし、「模倣《もほう》してよい人生かどうか」ということになると、「どうかな」というレベルの文章が、教科書にもたくさん載《の》っています。やはり、ここが問題点ではないでしょうか。

「学問の『学』『学《まな》ぶ』という字は、『まねぶ』から来ている」とよく言われているように、まねをしてもよいものを繰《く》り返し覚えては理解することが、人間の生きる道をつくっていくわけです。

したがって、まねしてはいけないようなことをたくさん教えても駄目《だめ》だし、価値中立的なことばかり教えればよいかというと、それもまた違います。「機械のような人間ができてしまって、結局、人生のさまざまな局面で、どう判断したらよいのかということに対する材料が何もない」ということになるでしょう。

このあたりに対する判断や価値観が大きくくずれてきているのではないかと思

◆新時代の道徳へのヒント②

「学問の『学』『学《まな》ぶ』という字は、
『まねぶ』から来ている」とよく言われているように、
まねをしてもよいものを
繰《く》り返し覚えては理解することが、
人間の生きる道をつくっていくわけです。

います。

例えば、文学賞なども、いろいろなものが出ますが、必ずしも、「文学者だから偉くて、その人を見習えばいい」というようにはなっていません。あまりにも変わった生活や経験をした人の文章がもてはやされています。つまり、決して、その道をまねしてよいわけではないものであっても、賞が取れたりするようになっているので、このあたりに問題はあるでしょう。

エンターテインメントにしても、ドラマから映画まで、さまざまなものがありますが、やはり同じです。そのなかには、すごく地獄的なものも、天国的なものもあります。そのなかから、「人間の生きる糧《かて》として役に立ちそうなものを選び取っていく」という一工夫《ひとくふう》が、今の時代には、なくなっているのではないでしょうか。

今の「学校」には、どのような考え方が必要なのか

大川隆法　学校に関して言えば、それぞれの学校に方向性があるので、多少の個性の違いがあること自体はしかたがないと私は思います。「ある学校ではよいものが、別のところでは駄目だ」ということもあるかもしれません。それは、伝統から出てきたものであろうから、多少、しかたがないとは思うのです。

ただ、企業《きぎょう》には企業理念があるように、学校には学校の建学理念というか、運営方針のようなものが必要でしょう。要は、「それをつくった人たちに、どこまでしっかりした考え方があるか」ということが大きいだろうと思うのです。

学校によっては、そういうことを問わずに、進学実績だけを問うところもあ

りましょう。あるいは、校則をきつくすると、だんだん人気がなくなっていくので、自由化しているところもあります。

ところが、自由にして、放任《ほうにん》に近いところまで行くと、「楽そうだ」と言って生徒が集まってはくるものの、次は、「不良や非行が出てきて、進学実績も落ち、また人気がなくなってくる」ということもあるわけです。今、こうして、さまざまな試行錯誤《しこうさくご》を繰り返しているようには見えます。

ところで、あなたは、学校について、何か具体的な考えを持っていますか。

大川直樹　学校につきましては、「いろいろな個性を持った子供がいる」という前提があるとしても、やはり、総裁から教えていただいているように、相手を理解できない心が悪の発生原因になります。したがって、道徳的なレベルでもよいので、「相手を理解する心」というものを伝えてあげることが大切ではないかと考えています。

そうすると、子供たちにも、少しずつ、そうした判断力が身についていくのではないかと思っています。

「男女は手をつないではいけない」という校則をどう考えるか

大川隆法　今、当会のアニメーション映画「ＵＦＯ学園の秘密」（大川隆法製作総指揮、二〇一五年十月公開）を全国の劇場で上映しています（説法《せっぽう》当時）。

あの映画に登場する学校は、「幸福の科学学園」という当会の学校をモデルというか、参考にしているのですが、あれを観《み》た幸福の科学学園の生徒からは、

「これは、だいぶ違う。映画をつくっている人たちは、実情を知らないのではないか。あの映画では、男女が手をつないで歩いているけれども、うちの学園で手をつないで歩いたら、校則違反《いはん》で怒《おこ》られるんだ」というような意見が出ているようなのです。

大川直樹　（笑）

大川隆法　それについては、映画をつくっている人も、アニメを描いている人もよく知らず、「ああ、そうなんですか」という感じなのでしょう。おそらく、「手をつなぐぐらいは、社会的にも、何ら問題はない」と信じていたのだと思います。

ところが、「肩《かた》に手を回したり、手をつないだりするシーンが出てくるのは、明らかにいけないことだ」というようなことを言われてしまい、「うーん、なるほど。それは細《こま》かい。難しいな」と私も感じました（笑）。

（大川直樹に）あなたは、どう思いますか。中高生の男女が手をつないで歩くのは、いいのでしょうか、悪いのでしょうか。

大川直樹　まあ、私の通っていた学校は、中高とも、「自由には責任が伴《ともな》う」ということでしたので、いちおうそれも一つの自由ではあったのかなあとは思います。

大川隆法　（笑）

大川直樹　ただ、一般的《いっぱん》に、校則はそれぞれの学校の哲学のところでもありますので、「規則は規則」として守るべき部分にも、学校によって違いがあるのかもしれません。

大川隆法　まあ、「風紀《ふうき》を乱す」というのも、どこから乱すことになるのかの判断は難しいですよね？

例えば、「どこで止《と》めておくか」というのが、だんだん厳しくなってくると、〝上流〟のほうに上がっていって、「何も起きないように上のほうまで締《し》め上げてしまえばよい」というかたちにはなります。あるいは、見て見ぬふりをしているような学校もたくさんあるでしょうね。そのように、難しいところがあります。

また、単なる善悪の問題ではない面もあるわけです。それは、「自覚がしっかりしている人にとっては問題がないことであっても、ほかの人がかたちだけまねていった場合、少しずつ下《くだ》っていくこともある」というところでしょうか。

ただ、幸福の科学学園の校則の話を聞くかぎり、学校の方針や、生徒との話し合い、校風のつくり方の問題等があるにしても、少なくとも創立者である私の意見は特に反映されずに、いろいろと決まっていることもあるらしいということは分かります（笑）。

なお、私も中高で女子生徒と手をつないで歩いた記憶《きおく》はあまりありませんが、中学校でフォークダンスなどというものがあったときには、ちょっと異常な興奮を覚えたことを記憶していますね（笑）。

大川直樹　（笑）

大川隆法　それは、つまり、「手をつないでは歩いていなかった」ということを意味すると思うのですけれども。

大川直樹　はい。

大川隆法　さて、現代的に、「それがいいことなのか、悪いことなのか」ということですが、一方では、「奥手《おくて》すぎて話にならない」という考えもあるかもしれません。東京の私立ぐらいであれば、中学二年生ぐらいになると、〝大人の儀式《ぎしき》〟まで終わっている人も多いと聞いています。それから見れば、高校までの校則で、「手もつないではいけない」というぐらいだと、かなり厳しすぎるでしょう。そのため、人気がなくなるのではないかと心配する向きもないわけではないのです。

あるいは、そのような厳しい校則をつくると、今度は、陰《かげ》の見られないところで楽しむ喜びが出てきたりするのかもしれません。

それぞれの学校によって異なる「規律の厳しさ」

大川隆法　とにかく、「教育者は、保護者に代わって子供を預《あず》かっている」という観点から行くと、いろいろと警戒心《けいかいしん》が強くなったり、「事前抑止《よくし》」という考えが強くなってきたりするのだと思います。

やはり、善悪の問題は、人と人との関係や、「それが、他の人や周りにどのような影響《えいきょう》を与えるか」という結果からも判断されるところがあるので、難しい面があるのです。

これは、どこの学校も頭の痛い問題ではありましょう。特に共学校であれば、どうしても厳しくなる面がありますし、女子校の場合でも、規律がキチッとしていないと親が信用しないので、「女子校だからこそ厳しい」というところもあるわけです。

やはり、このあたりは難しいところでしょう。はっきり言って、文科省であっても、「男女交際等は、どこまでならよいか」というようなことを出すのは、かなり難しいのではないかと思います。

それは、大人になる速度の問題でもあろうし、また、学校教育の目的として何を目指しているかによっても、違うことはあるわけです。

従来の伝統で行くと、進学校になればなるほど、だいたい、厳しめになる傾《けい》向《こう》がある一方、遊びが中心の学校になると、緩《ゆる》くなるところはありました。これについては、自然とそうなるのかもしれません。

つまり、その規律のもとは、「みんなが遊んでいるときに、自分はコツコツとした勉強をしていられるかどうか」というところにかかわってくるのです。そして、それによって、人生の道筋《みちすじ》が違ってきます。

もちろん、「大学に入ってから遊ぶ」とか、「大学を卒業して、社会人になってから遊ぶ」とか、いろいろと段階はあるでしょう。しかし、「どの時点で自分を楽にするか」ということと、「目指しているものの達成」とには、関係があるだろうとは思います。

早いうちに自由になるほど楽かといえば、気をつけないと、「小学校あたりから親が共働きで家を出ていて、鍵《かぎ》を持って自由に入れるところに、学校の悪ガキが山賊《さんぞく》のように集まって、家のなかで悪さをしている」というようなことだってありえるわけです。やはり、このあたりの関係には非常に難しいものがあります。

未成年の「飲酒」「喫煙《きつえん》」についての考え方とは

大川隆法　なお、一般的な抑止の考え方としては、「一定の年齢《ねんれい》、経験を経《へ》なければ、善悪の判断は、自主性に任《まか》せても無理なところがある」というものがあるでしょう。

◆新時代の道徳へのヒント③

規律のもとは、「みんなが遊んでいるときに、自分はコツコツとした勉強をしていられるかどうか」というところにかかわってくるのです。

そして、それによって、人生の道筋《みちすじ》が違《ちが》ってきます。

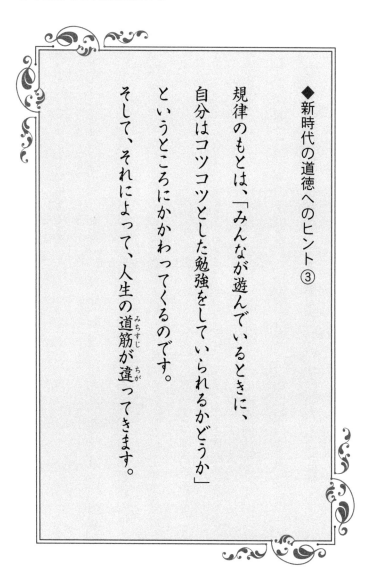

確かに、お酒であっても、タバコであっても、子供に害があるのなら、当然、大人にだって害があるはずです。

ただ、「その害でもって、自分が、『病気になる』とか、『早く死ぬ』とかいうことについての責任を取れるか」というと、大人であれば〝自己責任の率〟が高くなるのですが、子供の場合は責任を取れる範囲《はんい》が狭《せま》いわけです。そのため、周りが用心《ようじん》して、未成年の喫煙《きつえん》や飲酒については、警戒《けいかい》する向きがあるのです。

また、必ずしも体に害があるとは限らないにしても、「子供時代からお酒を飲んでいる人たちが、その後、真面目《まじめ》に生きることは確率的には少ない」ということを経験として知っています。全部が全部、投網《とあみ》にかけるようにやってはいけないのかもしれませんが、「用心する」というのが大人の立場ではないでしょうか。

しかし、成人してからあとになると、「もう、言っても、それほど聞かないだろう」ということで、諦《あきら》めも働くところもあります。また、〝自己責任の率〟が高くなるわけです。つまり、「成人になると、自分の行動に関しては、ほぼ百パーセント、責任を問われることになってくる」ということです。

ところが、子供の場合は、親のほうにも責任がかかるし、学校に行っている間では学校の教職員にも責任がかかります。

そういうわけで、人の性格にもよりますが、「転ばぬ先の杖《つえ》」のようなもので〝一刺《ひとさ》し〟するか、あるいは放置するか、このへんの方針があるのです。まあ、これも自由競争のなかに置かれているという感じなのかもしれません。

大川直樹　なるほど。

3　道徳でどのような人物を育てればよいか

異性と隔離《かくり》することによって、人生に躓《つまず》くこともある

大川直樹　「学校にはいろいろな方針がある」というお話でしたが、「道徳を通して、どのような人物を育てていけばよいか」ということについて、共通の、どこにでも当てはまるような考え方はありえるのでしょうか。

大川隆法　まあ、難しいですよね。

先ほどの孔子《こうし》の『論語』で言えば、「男女七歳《さい》にして席を同じゅうせず」ですから、「小学校に上がった段階から男女は席を並べてはいけない」ということになります。そのように、「話もしたらいけないし、席を隣《となり》にしてもいけないから、分ける」ということであれば、小学校時代から、男子校、女子校というようにキチッと分けなければいけないことになるでしょう。「それが道徳である」というなら、今の日本の状況《じょうきょう》は、ほぼ違反《いはん》していることになります。

もちろん、男女別学で、小学校からのエスカレーター校もありますが、そうしたところを除けば違反していることになるわけで、そこには、微妙《びみょう》に難しいところがあるのではないでしょうか。

確かに、異性と隔離《かくり》することによって、一定の危険から身を護《まも》ると同時に、相手を理想化するような力も働いて、大人になってからの憧《あこが》れのようなものが出てくるという面もあります。しかし、一方では、逆に〝免疫性《めんえき》〟が足りなすぎて、人生に躓《つまず》くようなこともあるわけです。

実際、勉強をしすぎた結果、異性についての〝免疫性〟が低すぎたために、つまらない事件に巻き込《こ》まれたり、引っ掛《か》かったりするようなことは後《あと》を絶ちません。

こうしたことは昔からよくあります。普通《ふつう》に起きることをいろいろと知っておけば避《さ》けられたにもかかわらず、知らなかったために、現実に起きてしまうことがあるのです。

むしろ、こうした面については、渋谷《しぶや》辺りで遊んでいる人のほうが、人生通《つう》、人間通でよく知っており、「危《あぶ》ねえぞ」というようなことを言ってくれるかもしれませんが、それが分からないこともあるわけです。

このあたりについては、確かに、人生には「賭《か》け」という面があるようにも思います。

成人年齢《ねんれい》が時代相応に変動するのはやむをえない

大川隆法　今は、どちらかといえば、選挙権年齢《ねんれい》も下がっていこうとしている時期であり、日本では二十歳から十八歳に下がろうとしています（注。二〇一五年六月十七日、参議院本会議において、選挙権年齢を二十歳以上から十八歳以上に引き下げる改正公職選挙法が全会一《いっ》致《ち》で可決され、成立した。二〇一六年夏の参院選から適用される）。これまで、欧米《おうべい》では「十八歳で大人」としていたところを、日本では「二十歳で大人」としていました。それが二歳下がろうとしているのだろうと思うのです。

これについては、「ある意味では妥当《だとう》なのかもしれない」と思いますが、いずれ、さまざまなものに波及《はきゅう》して、いろいろ下がってはくるでしょう。

しかし、昔の日本においては、例えば、満十三歳、数え年で十四、五歳ぐらいになったら元服《げんぷく》していたわけで、今で言えば、中学二年生ぐらいで大人になる儀式《ぎしき》をしていました。要するに、そのくらいの年齢ですでに責任が生じており、家督《かとく》を継《つ》ぐこともできたわけです。

そういうことも経験としてはあるので、「(成人年齢が)時代相応に、多少変動するのはやむをえないのかな」という気はします。

もちろん、問題があれば、それを解決していかねばならないでしょう。ただ、神の摂理《せつり》のようなかたちで、「この年齢ならば、こうである」ということがあるかといえば、それほどはっきりしたものはないのではないかと思うのです。

そのため、今は、「経験則から見て、大多数にとって都合《つごう》がいいのは、このあたりである」というところで線が引かれているのではないでしょうか。私は、そのように思います。

4 「社会的な秩序《ちつじょ》を守る」ことと「創造性」は両立するか

「軍隊型」と「自由放任《ほうにん》型」の対照的な二つの進学校

大川直樹　「大多数の合意のなかで、ルールを守っていく」ということは道徳で教える大切なことであると思います。

一方、「ルールを守っていたら、新しい価値はつくれない」という意見も一部ではあるわけです。

そういう、「社会的な秩序《ちつじょ》を守る」ということと、「新しいものを創造していく。常識を打ち破っていく」ということとの関係性については、どのように考えていけばよいでしょうか。

大川隆法　うーん……。少し質問が抽象《ちゅうしょう》的なので、答えにくい面はあるのですが、とりあえず、今の質問は、学校を念頭に置いたものでしょう。

そうした管理社会のなかで教育している場合、管理者は、ある程度の少人数で大勢の人たちを動かさなければなりません。そういう難しさがあるため、生徒の自由を奪《うば》っていくような方針を立てていくことが多いのだろうと思うのです。

ただ、いわゆる進学校のなかにも、キチッと軍隊型の教育をするところもあれば、「君たちは、もう大人なのだから」という感じで、中学生でも大学生のように扱《あつか》い、自由に任《まか》せるところもあります。

大川直樹　はい。

大川隆法　なお、「どちらの育ち方がよいか」については、「それぞれの卒業生が、その後、どうなるか」によって違《ちが》いは出るでしょう。

例えば、代表的な学校を挙げると、「学校側がキチッと管理体制を組み、全体的に成果を出していく」とされている学校に、開成《かいせい》（中学校・高等学校）がありますす。開成は、もともと〝陸軍型〟で、そういう傾向《けいこう》があるのです。

一方、中学生になったあたりで、「君たちの自由に任せる」というように

〝大学生扱い〟するのは、麻布《あざぶ》（中学校・高等学校）です。

私の二人の息子《むすこ》（大川真輝《まさき》と大川裕太《ゆうた》）は、それぞれ、開成と麻布に通っていたため、両方の経験があるのですが、違いを比べてみても、「どちらがよいか、悪いか」には、何とも言えないところがあるでしょう。たまたま、「その子にとってはこちらの学校がよかった」ということはあるとは思いますが、私の二人の息子に訊《き》いてみても、やはり、それぞれに成功と失敗の両方があるようなのです。

開成型の場合、もともと、陸軍士官学校の予備校のようなところからできているので、「学校の方針どおりについていてくればよいのだ」というかたちで、みなにキチッと制服を着させてやらせる感じでした。そういう教育を受けて成功した人は、「それでよかったのだ」と思っているのでしょう。

ところが、それで成功しなかった人のなかには、「学校の方針だけで、ただただ奴隷《どれい》のようについていったのは失敗だったのではないのか。もう少し自由に、自分のテイストに合った勉強の仕方や活動、クラブなど、いろいろあってもよかったのではないか」と思う人もいるらしいのです。

一方、麻布型の場合、生徒の自由に任されているわけですが、適度に遊びながらも、ある程度、自分で自分を律しつつ、きちんと目的を達成していくだけの自立心がある人は、成功しています。

ところが、学校のほうが〝緩《ゆる》い〟ため、六年間いても、自分の成績がどのくらいなのか、さっぱり分からないままに卒業できる学校でもあるらしく、「自分が学年ビリだとは知らなかった」という状態で卒業する人もいるらしいのです。

とにかく、それでも卒業はできるようなのですが、「卒業してから三年ぐらい延々と、いろいろな塾《じゅく》や予備校で勉強し、『まさか、そんな進学校から行くべきではないだろう』と思うような学校にやっと滑《すべ》り込《こ》むという程度の結果になる場合もある」とも聞いています。「自分が、在学中に、そこまでえぐれていたとは知らなかった」という人もいるとのことです。

このように、「結果がよければ、全部よかった」と見えることもあるとは思いますが、反対もありうるということでしょう。

自由度が増すと、「創造性」は高まるが「堕落《だらく》」もしやすい

大川隆法　やはり、「生徒の自由度」が増していたほうが、創造性の高い人はやや出やすいものの、そこには、「創造性の高さ」と「堕落《だらく》しやすさ」の両方

があるのです。

管理教育がキチッとしていて、方針などがカチカチッと決まっているところでは、失敗は出にくいでしょう。生徒はいわゆる優等生になって、上席にある者、上司や先輩《せんぱい》などの期待に応《こた》えていこうとする傾向があるのです。

ところが、そういう人は、「上から〝課題〟を出されずに、『おまえが頭で考えてやれ』と言われると、成果を出しにくいタイプに育ちやすい」ということが見えてはいます。

彼らは、「学校が決めている基本的な方針を守っているうちは、優等生でいられる」というように、枠《わく》がある間《あいだ》は行けたとしても、それがなくなったとき、つまり、大学に進学したとき、あるいは社会に出たとき、いったいどうしたらよいか分からなくて苦労する人もいるらしいのです。

◆新時代の道徳へのヒント④

「生徒の自由度」が増していたほうが、創造性の高い人はやや出やすいものの、そこには、「創造性の高さ」と「堕落《だらく》しやすさ」の両方があるのです。

そういう意味では、どうしても、「完全にこうすれば、全体がこうなる」とは言いかねる面があります。失敗した人は、「全体が悪かった」という言い方をするし、成功すれば、「全体がよかった」という言い方をするわけです。

なお、社会的観察としては、「その学校の卒業生たちが、おおむね、どのような感じになっているか」を見ればよいでしょう。

例えば、都会の学校についても、「こんな傾向の学校だ」という印象は、田舎《いなか》から見ても分かりますし、それは、大きな意味であまり外れていないということも事実です。そういう社会的印象は、ある程度、当たっているらしいとは言えるようです。

5　戦後教育で失われた「道徳」を取り戻《もど》すには

敗戦によって崩壊《ほうかい》してしまった日本的な道徳

大川直樹　今のお話を聞いていますと、やはり、道徳を学ぶ者の姿勢も重要になってくると思います。

例えば、子供たちにも大きな影響力を持つテレビについて考えてみると、その情報の質はさまざまですし、正しいものも間違《まちが》っているものも混在しているように思います。

そのように多様な価値観があるなかで、自分の考え方を確立し、さらには、「自分を律する心」など、本来、道徳で教えるべき内容を、どのように身につけていけばよいのでしょうか。

大川隆法　まあ、先の敗戦後、（日本の道徳は）いったん崩壊《ほうかい》したと見てよいのだろうと思うのです。

確かに、戦前の日本には、日本的な道徳がきちんとありました。それは、「道徳」ではなく「修身《しゅうしん》」というべきかもしれませんが、そういう修身の教科書や考え方、「日本人かくあるべし。尊い日本人がいたのだ」という考え方があったわけです。

ところが、先の戦争における敗戦によって、それがいったん全部、崩壊しました。そして、ＧＨＱ（連合国軍最高司令官総司令部）の統治下に置かれてからあとは、アメリカ的価値観がかなり入ってきたのです。

その結果、イージー（安易）に流れた場合は、小学校であれ中学校であれ、民主主義的教育というものが行われ、「結局、多数決で決めれば正しいんだ。だから、あなたがたに任《まか》せるよ。多数決で決めてください。それが正しいから」といった感じになりました。そのように、道徳に代わるものとして、クラスの「多数決」風《ふう》の考え方が出てきたのです。

それと同時に、学校の先生のほうが、責任を取らずに逃《に》げる傾向《けいこう》が強くなってきたのではないでしょうか。

また、「価値観を押《お》しつけるのは古いタイプの先生だ」ということで、そういう古い価値観を持っていた人たちが、先の敗戦を契機《けいき》にして、一斉《いっせい》に自信をなくしてしまいました。戦争が終わるまでは立派なことを言っていた方々が、みな、前言を覆《くつがえ》して、まったく正反対のことを言い始めたのです。

例えば、「鬼畜米英《きちくべいえい》」などと言っていたのから、急に、「アメリカ礼賛《らいさん》」に変わったりしたら、生徒の信用もまったくなくしてしまうでしょう。戦争中であれば、授業中に〝内職〟で、英語の本や小説を読んでいたりしたら、それを取り上げられて、ひどく怒《おこ》られました。しかし、戦後は全然、正反対のような感じになっていたりします。

やはり、「これでは、『信用しろ』と言われても、なかなか信用できない」という人が出てきたのは、理の当然であったのかなと思うのです。

偉人《いじん》や英雄《えいゆう》の活躍《かつやく》ではなく「民衆のうねり」と考える左翼《さよく》史観

大川隆法　ただ、いったん、戦前からの教育の否定を通したものの、やはり、それだけでは済みません。もう一度、「国民としての求められるべき道は、何なのか」ということを考え直す必要があるのではないでしょうか。

特に、学校の現場では、神様・仏様の教えを引いてくるのもなかなか難しいため、道徳では、それに代わるものとして、「時間がたてば神様・仏様になる人々」という意味での「偉人《いじん》」を出してきて、その生涯《しょうがい》等に学ぶかたちを取っています。それが、基本的には多いと思うのです。

もちろん、偉人といっても、すぐ「神様」になってしまう人もいます。

例えば、吉田松陰《よしだしょういん》のように、生誕約八十年で松陰神社が建《た》っている人もいます。あるいは、二宮尊徳《にのみやそんとく》についても、生誕から百年そこそこで〝二宮尊徳神社〟（報徳《ほうとく》二宮神社）がすでに建っているのです。

彼らは、もう神様になってしまっているので、「神様だ」と言われればそれまででしょうけれども、実在の人間だったことは事実であり、彼らが生きていたのは、〝ついこの前〟のことになります。

今、説かれている道徳のなかには、そうした実在の人間で、はっきり資料が遺《のこ》っている方々の生き方等を学ぶことで、（宗教教育の）代用をしようとする傾向が多いのです。

ただ、それに反発する人もいます。それは、いわゆる「左翼《さよく》史観」に染まっている人です。

◆新時代の道徳へのヒント⑤

いったん、戦前からの教育の否定を通したものの、
やはり、それだけでは済みません。
もう一度、「国民としての求められるべき道は、何なのか」
ということを考え直す必要があるのではないでしょうか。

特に、教育者のなかでも、日教組《にっきょうそ》系等には左翼史観の人が多いと思うのですが、そういう人は、すでに学生時代、つまり教育学部時代などに、左翼史観に染まっていると聞いています。

そして、彼らは、「明治の御一新《ごいっしん》（明治維新《いしん》）」等について、「四民平等《しみんびょうどう》になり、みんな、〝どんぐりの背比《せいくら》べ〟で、新しい国をつくったんだ。身分制がいったん崩壊して、〝チャラパー〟になって、〝ガラガラポン〟になったんだ。それから、自分たちの自由意志でやっているうちに、新しい国ができてきたんだ」という考え方をするのです。

それでいけば、英雄史観のようなものを非常に嫌う傾向が出てくるでしょう。つまり、偉人とか英雄とかいうものを出してくるのをすごく嫌って、「そんなものではなくて、民衆の全体のうねりで、そういうことが起きたのだ」というように持っていきたがる傾向が強く出るわけです。これが「左翼史観」です。

違《ちが》いを違いとして認めないのも、フェアではない

大川隆法　最近の政治で言うと、戦争における自衛について、「単独の自衛権だけしかないのか。それとも、集団的自衛権があるのか」という問題がありました。

結局、政府のほうは、「集団的自衛権がある」ということで、内閣の方針を出して、法案をつくって通したわけです（注。二〇一五年九月十九日未明の参議院本会議において、安全保障関連法の採決が行われ、賛成多数で可決・成立した）。

しかし、これに対して、数万人の人が国会前デモを行《おこな》ったりしていましたし、それを応援《おうえん》するマスコミ等もありました。「こういう民衆のうねりが正義の価値観をつくり上げるのだ」ということのようですが、これは左翼史観そのものでしょう。こういう考え方が入っているのです。

ところが、こうしたことを完全に否定し切れないのは、デモクラシーの考えのなかに、どうしても、結果平等的なものが一部入っているからです。

例えば、人間は、放置すれば差が開いてきますが、そうなると、「強者」と「弱者」が出てきます。そして、そのなかに、「支配階級」と「被《ひ》支配階級」が分かれてきて、それを固定化すると、「苦しむ民草《たみぐさ》」と一部の「支配階級」が出てくるのです。

ただし、「それをみな潰《つぶ》して粉々《こなごな》にし、『一人一票』と同じように、一人の権

◆新時代の道徳へのヒント⑥

偉人《いじん》とか英雄《えいゆう》とかいうものを出してくるのを
すごく嫌《きら》って、「そんなものではなくて、
民衆の全体のうねりで、そういうことが起きたのだ」
というように持っていきたがる傾向《けいこう》が
強く出るわけです。これが「左翼《さよく》史観」です。

限を限りなく同じにしていこう」という圧力は、いつもかかっています。

そのように、左翼史観的なものとデモクラシーとは、完全に切り離《はな》せるものではないのです。

しかし、デモなどであっても、「民衆的なうねりがあれば、それで正義が樹立される」というような考えだけでは済まないところがあるのではないでしょうか。

やはり、リーダーというものは必要なのです。確かに、左翼史観に基《もと》づく人は、リーダー的な人を認めるのがあまり好きではないし、特に、「徳」とか「偉人」とか、そういう言葉も嫌いでしょう。また、「運命説的な考え方」も嫌いですし、「神」とか「天使」とか、こういうものが出てくるのも、あまり好きではありません。

もちろん、これらも逆に表れれば、インドのカースト制のように固定化したものの見方が出てくることもあるので難しいし、デモクラシーに反する面もあることはあります。

ただ、素直《すなお》な心で、「人の違《ちが》い」を見なければいけない面はあるでしょう。

例えば、自分一人で商売を始めても、数十万人規模の会社をつくる人もいれば、一人の商売を成功させられない人もいます。

この違いを違いとして認めないのも、フェアではありません。人の努力を認めないということにもなりかねないので、両方をウオッチしなければいけないと思います。

すべてを平等にしても、どこかで〝仕切り直し〟になる

大川隆法　一人の権力とほかの人の権力とに、あまりに巨大《きょだい》な差がありすぎても、世の中、うまくいかないのかもしれません。しかし、その差を常に潰《つぶ》してしまうような、「この世には働きアリしか存在しないのだ。女王アリはいてはならないのだ」という思想が正しいかというと、実際に自然界の法則から見ても合っていない部分はあるわけです。

例えば、アリを観察していると、「たいてい、二割のアリが勤勉に働いていて、八割のアリは怠《なま》けている」ということが分かります。そして、この二割の勤勉なアリだけを集めると、そのなかでまた、二割は勤勉になって、八割は怠

け者になるのです。ところが、八割の怠け者のアリを集めると、今度は、そのなかから、二割ぐらいはリーダーが出てき始めて、あとの八割ぐらいは怠け者になっていきます。

これは、何であれそうであって、「勉強がよくできる人が集まった超《ちょう》一流校に入ったら、みんながトップクラスになるか」というと、そうはなりません。一番から四百番ぐらいまで違いが出ます。また、平均から下になってくると力はなくなってきて、下の四分の一ぐらいになってきたら、生徒ががっかりしてしまうので、成績の順位等を出さないところもたくさんあるのです。

しかし、下の四分の一に入るような人でも、たまたま第一志望に入れずに、第二志望、第三志望など、それ以外の学校に入った場合、上の一割、二割のなかへ入ってしまい、リーダーになることもあります。

さらに、そこで頑張《がんば》れば、成績も伸《の》びて、よい学校に進めることもあるかもしれません。

そのように、いろいろなグループをつくってみても、いったん全部、平等にしようとはするものの、どうしても、どこかで〝仕切り直し〟になり、何年かすると、その間に差が開いてくるのです。それについては、ある程度、認めざるをえないと思います。

ただ、そのやり方が、必ずしも一生続くわけではありません。次の段階に進んだとき、あるいは職業に就《つ》いたときに、また違った原理が働いてきて、入れ替《か》えは起きてくるのです。

「結果の平等」より「機会の平等」を重視すべき

大川隆法　そういう意味で、私が説いているのは、どちらかというと、「『結果の平等』を言いすぎることも、度が過ぎれば害が出ることもあります。それでは、どんなことがあっても同じになり、進歩・発展のない社会が出来上がります」ということです。

例えば、数学の勉強をいくらしても、「満点を取ろうが零《れい》点を取ろうが、全員に百点をつける」ということであれば、もはや教育の使命そのものがなくなります。

教育においては、数多くの間違いを正し、正確にできるようにさせる努力が必要です。また、そうすると、生徒間で差がついてくるので、できれば彼らをいい方向に引き上げ、揃《そろ》えていこうとする努力も要《い》るでしょう。

さらに、社会に出てからも差は開いていくので、その格差についても調整をしなければいけないわけですが、私は、どちらかというと、「『機会の平等』のほうを重視しなさい」という言い方をしています。

それは、「スタート点からあまりに差がありすぎるのは厳しいので、そういうものについては、多少ハンディをつけてもよいから、なるべくチャンスを与《あた》えられるようにしたほうがいい。ただ、結果がある程度開くところについては容認《ようにん》しなければいけない。ただし、それによって社会がいびつになりすぎるようであれば、一定の調整機能は必要であろう」ということです。

また、「全員が同じ扱《あつか》いを受ける」というのであれば、それは本当に全体主

◆新時代の道徳へのヒント⑦

社会に出てからも差は開いていくので、
その格差についても
調整をしなければいけないわけですが、
私は、どちらかというと、
『機会の平等』のほうを重視しなさい」
という言い方をしています。

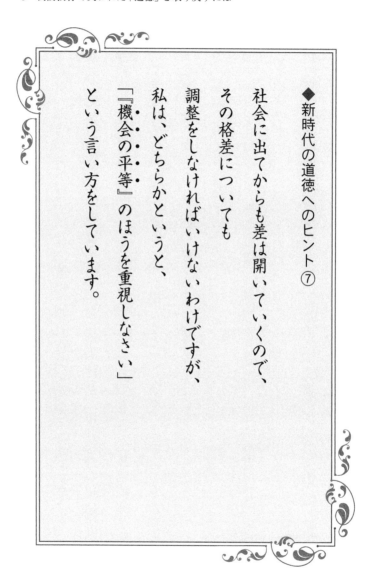

義的な考え方になっていくので、必ずしも成功しないだろうと思います。

人間は、小さいうちは大人に〝支配〟されて育てられるかもしれませんが、人間として、自分としての自覚が出てきたら、やはり、自分で道を拓《ひら》いていかなければならない存在です。それからあとは、すべてを〝全体主義的な価値観〟で支配するのは無理になり、差が出てくるでしょう。これは、ある程度受け入れざるをえないし、世間《せけん》の目にもそう見えるようになるのではないでしょうか。私はそのように見ているのです。

ですから、私自身は、ある程度、(「平等」と「差」の)「両方の目」を持っているわけです。

少し抽象《ちゅうしょう》的な話が多くなって、なかなか分かりにくくなってきているかもしれませんね。

6 「個人の自由」と「社会秩序《ちつじょ》の維持《いじ》」の関係

「離婚《りこん》は悪か」という問題は時代によって変わる

大川直樹　もう少し具体的なところについてお伺《うかが》いします。「道徳」ということを考えたときに、どう考えればよいのかと思われる問題として、例えば、「離婚《りこん》の問題」や「シングルマザーの問題」、「同性婚の問題」など、個人の自由にかかわる話題が少し増えてきているように感じております。

このなかで、やはり、個人的な生き方を大切にするような考え方をする人の割合が増えているのではないかと思うのです。

もちろん、個別具体的に憂慮《ゆうりょ》すべき事情や背景はあるかと思いますが、「個人的な考え方を大切にする」ということと、「社会秩序《ちつじょ》を維持《いじ》する」ということを、どのように考えていけばよろしいのでしょうか。


大川隆法　大きな時代の流れがあり、それぞれの時代で文明実験がなされるので、難しいことかとは思います。

例えば、「離婚は悪」と考える場合には、まったく離婚ができないような世界にしようとすれば、できるのです。

封建《ほうけん》時代などでも、わりにそういうところがあったかもしれませんけれども、家長《かちょう》の権限をすごく強くして、そこから離《はな》れたら食べていけないようにしてしまえば、事実上、離婚はできなくなります。

「どのように夫にいじめられようとも、お姑《しゅうとめ》さんにいじめられようとも、夫のきょうだいや祖父母などの親戚《しんせき》からいじめまくられようとも、逃《に》げようがない。逃げたら食べていけない」というようなことであれば、離婚はありません。しかし、魂《たましい》のほうにはかなりの苦しみを背負うことになり、地獄《じごく》の生活が何十年も続くようなこともたくさんありました。それでも、「それが当然だ」と思われていたら、そのとおりになったわけです。

ところが、「それはあまりにひどすぎます。女性たちにも教育を与《あた》え、職業に就《つ》けるようにしましょう。次には、男女とも同じような職業に就けるようにしましょう。同じように昇級《しょうきゅう》したり、給料をもらえたりするようにしましょう」というかたちになると、やはり、予想されたとおりに離婚は増え、社会が流動化してきました。さらには、親子関係が希薄《きはく》になってくるなど、家族の育て方等において、いろいろな問題が出てくるようになりました。

そのように、「どちらがよいか」ということは、極端《きょくたん》になりやすいので、非常に難しいわけです。

封建道徳的にガチッと抑《おさ》えつけてしまうのであれば、「離婚するぐらいなら、相手を殺してしまう」というようなところまで行く恐《おそ》れもあるし、かつては「一家の不名誉《ふめいよ》だ」として、そういうこともできたかもしれませんけれども、今、現実には厳しいでしょう。

自分だけの考えではなく、周りの意見によって見合いで結婚していた時代、さらに、見合いの前にだいたい家と家で決めているような時代があったのですが、だんだん、「自分の意志」というものが出てきたら、難しくはなってくるわけです。

「自由意志」が強く、離婚《りこん》・再婚の多いアメリカ

大川隆法　それから、自由意志で世の中を行き渡《わた》っていけるようになれば、年《ねん》齢《れい》相応、経験相応に価値観が変わってくるので、結婚して若いころは合っていても、十年、二十年とたつと、だんだん合わなくなってくるようなことは出てきます。

アメリカなどは極端で、もう何十年も前からそうでした。

二十代ぐらいの若いころに結婚《けっこん》すると、どちらもある程度貧しく、職業に就いていたとしても、それほど上のほうの役職には就いていないので、似通《にかよ》った

感じの夫婦《ふうふ》にはなっています。

ところが、片方が大成功してしまった場合、例えば、その会社が急に成長するとか、その業種が急に成長するとかいうようなことがあり、大出世して大金持ちになるなど、いわゆるウォールストリートの成功者たちになると、離婚《りこん》・再婚を繰《く》り返すようになることが、法則のようになっていました。例えば、四十代になって成功すると、その自分に釣《つ》り合った、年若く、ブロンドで、高学歴で家柄《いえがら》のよい奥《おく》さんに切り替《か》えるようなことは、昔からあったのです。

日本はまだそこまでは行っていないでしょうが、アメリカなどでは社交界があるので、社長の立場になった人が同じレベルの人たちとの社交を始めると、「どういう伴侶《はんりょ》を連れているか」ということで階層が決まってくるところがあるのです。カーストのない国ではあるのだけれども、そうであるからこそ、逆に、今世《こんぜ》でのアチーブメント（達成）したところで、その釣り合いを見られるような面があるわけです。

この「流動的で変化的な社会と、ある程度固定して長く続けられる社会と、どちらがよいか」ということに関しては、まだ競争しているところはあると思います。

ただ、現時点での時代の流れは、やはり、「自由度」のほうをやや好む流れにはなっているでしょう。

核《かく》家族化が進み、冷淡《れいたん》になりつつある世の中の流れ

大川隆法　しかし、その反面として、それが「離婚をしてワーキングプアにな

る」というようなかたちで起きることが多くなっています。

NHK等でも、ワーキングプアに関する特集を組み、「はたらけど　はたらけど猶《なお》　わが生活《くらし》　楽にならざり　ぢっと手を見る」（石川啄木《いしかわたくぼく》）のような世界を映像で映したりしていますが、「なぜそうなったか」という原因についてはほとんど触《ふ》れず、「子連れで離婚したけれども、その後、職業に就いてみたら、十五万円以上の収入があるところはほとんどなく、生活が苦しい」といったところばかりを取り上げているようです。

また、「この程度の収入だったら、生活保護費をもらったほうがいい」ということで、生活保護の範囲《はんい》内で生活するほうを選ぶものの、それでは、それ以上には収入が増えませんし、働いた分は生活保護費を減らされるため、あまり働かず、家庭が苦しいというような報道もされています。

一方で、収入がよいほうを選べば、夫のドメスティック・バイオレンスから始まって、自分の自尊心《じそんしん》を傷つけられるようなこともたくさんあるのでしょう。あるいは、「夫だけが自由な世界を生きている。会社で自由に羽ばたいていて、もう、どこに行っているやら分からない。『今日はサンフランシスコへ行っている。来週はロンドンへ行く予定』と言うけれども、本当かな。本当のところは何をしているのか分からない」という人もいるかもしれません。「自分には『家で子供とにらめっこだけしていろ』と言うのか。これでは、あまりにも不平等ではないか。たまたま卒業した大学も同じなのに、こんなに男女の差があるのはおかしい。理不尽《りふじん》だ」と思ったりすると、それで別れるようなこともあるわけです。

ところが、そのあと、必ずしも黄金時代になるわけではありません。

その親のほう、つまり、祖父母世代は、昔の人のような責任感がなく、お金を出してくれないこともあります。かつては、老いた両親のほうも、自分の老後の面倒《めんどう》を見てもらいたいからこそ、若い人に資金を提供したり、忙《いそが》しいときには子育てを手伝ってやったりしていたわけですが、核《かく》家族化が進んだことで、「そもそも一緒《いっしょ》に住んでいないのだから、別に何も手伝う必要もなければ、お金を出す必要もない」といった考えになりつつあり、今の世の中は非常に冷淡《れいたん》になってきています。

そのため、「親がお金を持っていたとしても、子供のほうは、ワーキングプアになったら、堂々と生活保護を申請《しんせい》して生きている」というようなこともありえて、たまたまそれがバレたときには社会的非難を浴びたりするようなこともあるわけです。

例えば、以前、「子供には五千万円も収入がありながら、親は生活保護費をもらっているが、子供が養わないのはおかしいのではないか」と非難されたタレントがいました。

そういう核家族化によって福祉《ふくし》等の新たな社会的費用が吸い込《こ》まれていくことで、社会全体の構造がいびつになり、苦しくなっている面もあるでしょう。

このように、何を取っても、それほど理想的なものがあるわけではありません。社会全体など、マクロにおいて、極端に悪い影響《えいきょう》が出るような動きについては、多少、抑制《よくせい》していかなければならない方向に行くべきだとは思うのですが、それを個人のレベルに還元《かんげん》するならば、最後には、「個人として、どうやってよりよく生きていくか」という生き方の技法のほうをマスターしていく訓練が大事なのではないかと、私としては思っています。

大川直樹　はい。ありがとうございます。

◆新時代の道徳へのヒント⑧

最後には、
「個人として、どうやってよりよく生きていくか」
という生き方の技法のほうを
マスターしていく訓練が大事なのではないかと、
私としては思っています。

7　道徳における宗教の大切さ

道徳から宗教を抜《ぬ》いたときに陥《おちい》る「自分のみよかれの世界」

大川直樹　「どのようにして、よりよく生きていくか」という、大切なことについてお教えいただきました。

世の中の道徳についての議論がやや抽象的《ちゅうしょう》になる理由の一つとしましては、やはり、今、この道徳の根源にある宗教、霊的《れいてき》世界の問題を外して、道徳を捉《とら》えているからだと思います。

やはり、「なぜ生きているのか」とか「なぜ人に優《やさ》しくしなければいけないのか」といったことが、伝える側も理解する側も分かりにくくなっている世の中なのではないでしょうか。

そこで、この「新しい時代の道徳」を考えるに当たり、改めて、道徳における宗教の大切さ、宗教と道徳の関係性について、お教えいただければと思います。

大川隆法　「宗教を抜《ぬ》く」ということが、結局、「神様・仏様、それから、あの世の世界をすべて外してしまう」ということになると、信じているか否《いな》かは別にして、結果論的には、唯物論《ゆいぶつろん》的世界観になるわけです。

それは、つまり、動物や植物、昆虫《こんちゅう》等の生きている世界や、あるいは機械、ロボットたちの動いている世界が、人間の世界に相当するということです。

そういう唯物論的世界観になるとどうなるかというと、最終的には、やはり、「この世における幸福」というものが、快楽説にかなり近づくでしょう。結果的には、「持っている体が自分の全体」ということになるので、「肉体を持った自分、体そのものが、快適に、あるいは快楽に、数十年の人生を生きられることが最大の幸福であり、最大の美徳なのだ」という考えになっていきやすいのです。

ですから、実は、ここがいちばん〝衝突《しょうとつ》〟するところだと思います。

もちろん、医療行為《いりょうこうい》や社会福祉《ふくし》的なもののなかには宗教的行為もあるし、人間とのつながりを修正するところを持っているものもあるでしょうが、徹底《てってい》的に唯物論的社会観で考えると、やはり、どうしても「自分のみよかれ」の世界になってくるので、「自分が快楽に、快適に生きるにはどうしたらよいか」という考えになるわけです。

〝戦争法案〟と称《しょう》する反対運動の先に待ち受けるもの

大川隆法　最近でも、安保《あんぽ》法案に対し、左翼《さよく》が〝戦争法案〟と称《しょう》して反対をし、「人殺しだ。平和に反する」などと言っていましたが、一見、理想的なよいことを言っているように見えつつも、「自分が殺されたくない」ということを言っているようにも見えます。

つまり、「殺されないことが最大の幸福であり、快楽に生きられたらよいのだ。あとのことは知ったことではない。国のプライドだとか、そんなものは、もう知ったことではない。国家なんていうのはどうでもよいのだ。そんなものは考えずに、とにかく自分が害を受けることなく安楽に生きられれば、それでよいのだ」というぐらいの価値観に見えなくもないのです。

しかし、リアルポリティックス（現実政治）にはそれを許さないところがあり、そういう人たちの集まりの国になると、野心を持った国に侵略《しんりゃく》されることが多いわけです。自分の身の安泰《あんたい》のみを願う人ばかりになったら、簡単に侵略されてしまいます。そういうときには、それを踏《ふ》み止《とど》まらせるヒーローたちが出てこないと、彼らを護《まも》ることはできなくなってくるのです。

一見、平和を愛しているように見えながら、実は、悪《あ》しき心を持った暴力性のある国家に、野心を持って狙《ねら》われたりしたときには、自分の最終目標である「身体の安楽《あんらく》」という究極の目的自体も奪《うば》われることがあるわけです。そういう難しさはあります。

ですから、ミクロだけ、個人個人だけで考えてもいけないところがあります。やはり、人間は社会的動物でもあるので、そういう意味での「社会性」と、「個人」の両方を常に考える目は持っていなければいけないのではないかと思います。

死後の世界は、「あるか、ないか」の二者択一《たくいつ》

大川隆法　そういうことで、「宗教の大切さとは何か」ということについては、事実認識、あるいは、「真実の世界とは何なのか」ということへの探究心がない人間、言い換《か》えれば、菩提心《ぼだいしん》がない人にとっては、もはや関係のない世界ではありますが、「人間は死んだあと、どうなるか」ということに関しては、二

なのです。

者択一《たくいつ》なのです。「死んだあと、あの世の世界があるか、ないか」のどちらか

そうしたなか、「あの世の世界はない」と思っている人にとっては、「この世で残されている有限の年数を、いかに快適・快楽に生きられるか」ということが、幸福のすべてになってくるでしょう。

ところが、「死後の世界があったとしたらどうか」ということになると、価値観はまったく違《ちが》ってきます。古代からのさまざまな宗教や哲学《てつがく》で説いてきたことが急に甦《よみがえ》り、迫《せま》ってくるわけです。

「あれは、どういうことを教えようとしていたのかな。今、勉強しておかないと、死んでからあとに大変なことが起きるかもしれない。間違った人生を生きたら、死後には十倍の苦しみがやってくるのだとしたら、これはたまらない

◆新時代の道徳へのヒント⑨

「あの世の世界はない」と思っている人にとっては、「この世で残されている有限の年数を、いかに快適・快楽に生きられるか」ということが、幸福のすべてになってくるでしょう。

ところが、「死後の世界があったとしたらどうか」ということになると、価値観はまったく違《ちが》ってきます。

な。今、目先の楽しみだけを追っていたら、死後にはその十倍の長さの苦しみがやってくるというなら、たまらない。自分だけのことを考えていたら、来世《らいせ》は苦しい世界でもがき苦しむことになるなら、採算上も合わなくなってくるので、多少は、世の中に貢献《こうけん》したり、ほかの人を助けたりする方向に考えを変えなければいけなくなるな」というように考えるでしょう。

この二つの価値観の狭間《はざま》に置かれるわけです。

ただ、偉人《いじん》といわれる方々には、たいてい、そういう神仏の思いのようなものを信じ、それを受けて行動していた方が多いし、そういうことを思わないと、普通《ふつう》の人では、とてもではないけれどもやり抜けないような、困難な事業をした方が多くいます。

ですから結局、基本的には、「偉人・英雄《えいゆう》たちの研究」をしていけば、神仏の存在までつながってくるものはあるのではないでしょうか。そういう意味では、そこにも道徳の大切さがあるのではないかと思います。

「学問的に証明できないから、あの世はない」とは言えない

大川隆法　また、「あの世があるか、ないか」は二者択一ですが、これについては「学問的な結論が出ていない」というかたちで、今は完全に逃《に》げていると思うのです。

文科省に訊《き》いたところで、「あの世があるかないかなんて、それは学問的には証明されていません。証明されていないことは学問的ではありません」と言われて、それで終わりでしょう。

しかし、結論はどちらかなのです。

なお、学問的に証明できたと言えるかどうかは別として、私のほうは六百回にわたる公開霊言《れいげん》等を行《おこな》っており、霊言集を三百五十冊以上も出しています（説法《せっぽう》当時）。

それで科学者が納得《なっとく》するような証明ができたかどうかは分からないものの、少なくとも、証拠《しょうこ》となるものを積み上げていること自体は間違いありません。

犯罪捜査《そうさ》で言えば、最後に犯人が誰《だれ》かを決めるのは難しいとは思いますが、「ここに足跡《あしあと》があった」「ここに指紋《しもん》が残っていた」「ここに犯人の持ち物が残っていた」「ここに犯人がご飯《はん》を食べ残した跡があった」等、いろいろな証拠がたくさん積み上がってきたら、次第《しだい》しだいに犯人像は絞《しぼ》り込《こ》まれていきます。「この人が犯人なのではないか」という結論までは出ないにしても、それに近

◆新時代の道徳へのヒント⑩

結局、基本的には、
「偉人《いじん》・英雄《えいゆう》たちの研究」をしていけば、神仏の存在まで
つながってくるものはあるのではないでしょうか。
そういう意味では、
そこにも道徳の大切さがあるのではないかと思います。

づいてくることがあるわけです。

そのように、霊言集も積み重なっていった場合、「これだけいろいろ出てくるとなると、『あの世はあるか、ないか』という二者択一になったら、どうしても『ある』という結論になってくるのではないだろうか」というようになってくるでしょう。

つまり、今、「どこまでやれば納得するか」ということにトライしているところなのです。

例えば、お寺の大きな釣《つ》り鐘《がね》も、手で一気に押《お》してガーンと揺《ゆ》らせる人はいませんが、小さく小さくつついているうちに、だんだんだんだん大きく揺れてきます。

それと同じように、霊言集一冊一冊の影響《えいきょう》はたとえ小さくても、積み重ねて出していけば、だんだんだんだん大きな揺さぶりになって、「あの世がある」ということが、いつの間にか社会全体に真実として認められるようになってくるはずです。そのようなことを目指して、やっているのです。

やはり、「あの世がある」という証拠に当たるようなものは、いろいろと出すことはできますが、「あの世がない」という証明をできた人はいません。

むしろ、「あの世がない」と言っている人ほど、「ない」ということを信じているという、妙《みょう》な〝信仰心《しんこうしん》〟を持っているのです。つまり、「疑わずに〝信仰心〟を持っている」ということでしょうし、あるいは、「あの世を知ることを恐怖《きょうふ》している」と言うべきかもしれません。

ただ、宗教の立場からは、「人間として生きている間に学ぶべきものは、あなたが必要だと思っているものよりも、もっと多いんですよ」と言わざるをえないと思います。

今は、「個人の自由の尊重《そんちょう》」が問い直されている時代

大川隆法　戦前であれば、最終的に道徳のもとになったのは、「神仏の目」であったり、「ご先祖の目」であったりしました。「ご先祖があなたを見ていると思って、自分の生き方を正しなさい」という見方があったわけです。

そのように、神仏があり、ご先祖があって、そこに、宗教的な行為としての先祖供養《くよう》が成り立っていました。

もちろん、先祖供養をしていくには、一家が連綿《れんめん》と続いていかねばなりません。そのために、「結婚《けっこん》というスタイルで家を守り、子供に受け継《つ》がせていく」

という社会システムが必要でした。

ところが、今、このシステム自体が崩壊《ほうかい》してきており、必ずしも親から子につながっていかなくなっています。「先祖供養もしなくなり、檀家《だんか》がどこかへ行ってしまって分からなくなっているので、お寺も三分の一ぐらいは潰《つぶ》れるのではないか」と言われる時代に入ってきているわけです。

そういうシステム崩壊を起こしても、個人個人の自由を尊重《そんちょう》したほうが本当にいいのかどうかということを、今、社会全体として問い直されている時代に入っているのかもしれません。

8 「愛国心」を学ぶことの大切さ

「愛国心」と「民主主義の成立」に見られる〝共時性《きょうじせい》〟

大川直樹　今、「社会システムの崩壊《ほうかい》」というお話を頂きましたが、その理由には、今お話しくださった唯物論《ゆいぶつろん》的世界観の問題に加え、「愛国心」が薄《うす》れつつあるという問題もあるかと思います。そこで、道徳において、愛国心を学ぶ大切さなどを教えていただければと思います。

大川隆法　「愛国心」と言うと、アレルギーを起こす人もいるので（笑）、極《きわ》めて難しいところがあります。

ただ、私は別の法話《ほうわ》でも説いていますが、愛国心と民主主義の成立には、実は非常に関係があると考えているのです（『国を守る宗教の力』〔幸福実現党刊〕等参照）。

例えば、今から二千五百年近い昔に、ギリシャがペルシャに攻《せ》め込《こ》まれて、絶滅《ぜつめつ》寸前まで行《い》ったことがありました。

そのため、当時のギリシャでは市民権を持っている者だけが戦うことになっていたところを、「これでは、とても勝てない。下の階級であった農民階級のような者であっても、手柄《てがら》を立てたらアテネ市民に取り立てよう」ということで、戦意高揚《こうよう》をなしたわけです。

つまり、「一緒《いっしょ》に戦う仲間になったら、市民権があって当然だろう。国土の防衛に関しては同じだ」というようなことでしょう。

そういう意味で、「実は、愛国心のところと民主主義の成立とには、かなり〝共時性《きょうじせい》〟がある」ということは言われています。

確かに、いわゆる市民だけで戦い、あとは傭兵《ようへい》、つまりお金で雇《やと》った兵で戦う軍隊というのは、あまり強いものではありません。お金で戦う軍隊は強いものではないのです。

このあたりは、今の日本も心配なところでしょう。もちろん傭兵とは言わないけれども、日本は、「日米安保《あんぽ》でアメリカ軍が戦ってくれる」と思って、毎年、何千億円かを払《はら》っています。しかし、同盟を結んではいても、いざというときに、アメリカが本当に戦ってくれるかどうかは分かりません。少なくとも、尖閣《せんかく》諸島ぐらいのために戦ってくれるかどうかは分からない状況《じょうきょう》です。

自分の国を護《まも》るために戦うのは「ベター」な判断

大川隆法　いずれにせよ、「愛国心」と「民主主義」の関係には難しいところがあります。

ただ、人間として、世界全体を視野に置いて考えるのはなかなか難しいことではあるので、それ以前の段階として、「自分が帰属《きぞく》している社会や国家をよくするという範囲《はんい》で、〝分権化《ぶんけんか》〟して努力する」という考え方が一つあるわけです。

なお、その国自体が間違《まちが》った行動を取っているかどうかについては、国際的な目から見て判断され、ときには制裁を受けたり、攻撃《こうげき》を受けたりすることもあります。また、一般《いっぱん》的には、敵・味方に分かれて国のために戦った者同士が、戦争中に憎《にく》しみを抱《いだ》くこともあるでしょう。

しかし、戦争が終わったあとは、よく戦った者に対して、お互《たが》いにヒーローとして扱《あつか》うべきであり、それが普通《ふつう》の世界なのです。

これはスポーツの場合も同じでしょう。例えば、テニスの選手同士が激しく戦い合っても、試合が終わったら、お互いに握手《あくしゅ》をして、抱《だ》き合って別れることがあります。

戦争にも同じところがあり、「それは役割のためにやっていることであって、憎しみや個人的な利害のためだけにやっているものではない」という面があるわけです。

やはり、（戦争で）自分が住むべき町や国がなくなるということは大きな問題なので、それを護《まも》るために戦うのは、少なくとも、ベターな判断であることは間違いありません。ただし、それがベストであるかどうかについては、世界史的な大きなテーマが背景にあるとは思います。

また、愛国心を持っている者同士でぶつかることはあるにしても、単に「戦えばよい」という問題ではありません。孫子《そんし》の兵法に、「殺し合って勝つことが最上の道ではない。戦わずして勝つことのほうが大事だ」（謀攻篇《ぼうこうへん》）と述べられているとおり、まずは戦いが起きないようにしながら、自分たちのところを護る手段を考えるべきでしょう。貿易をしたりだとか、条約を結んだりだとか、外交交渉《こうしょう》をしたりだとか、事前に考えていろいろな手を尽《つ》くしておくべきだと思います。

しかし、「最終的に戦わなければいけなくなったときは、どうするか」ということもあるので、そのために、いろいろな兵法もあるわけです。

その際、もし卑怯《ひきょう》な人の群《む》れであれば、いくら国を荒《あ》らされてもしかたがないかもしれません。

「岳飛伝《がくひでん》――THE《ザ》 LAST《ラスト》 HERO《ヒーロー》――」に見る〝戦う者の美学〟

大川隆法　ちなみに、現在、「岳飛伝《がくひでん》――THE《ザ》 LAST《ラスト》 HERO《ヒーロー》――」というDVDが刊行中で、私も観《み》ているのですが（笑）、これは、宋《そう》という国が、ちょうど終わりを迎《むか》えていくころの話です。

当時、金《きん》という国が強くなってきて、南下して宋を攻め、宋は、いわゆる南

◆新時代の道徳へのヒント⑪

やはり、（戦争で）自分が住むべき町や国がなくなるということは大きな問題なので、それを護《まも》るために戦うのは、少なくとも、ベターな判断であることは間違いありません。

ただし、それがベストであるかどうかについては、世界史的な大きなテーマが背景にあるとは思います。

宋のほうに押《お》し込まれていきました。皇帝《こうてい》自身も南へ南へと逃《に》げていき、とうとう船に乗って、宮中が海上にあるようなところまで押し込まれてしまいます。そのようななかで、〝ザ・ラスト・ヒーロー〟として岳飛が登場し、戦っているという状況です。

まだ、すべて観終《みお》わってはいませんが、中国でも、「国を護るために戦ったヒーローは偉《えら》いものだ」というふうに見ています。やはり、「外敵に対して戦う」というのは偉いわけです。

ただ、戦いをする者でも、自国の国民をいじめたり、陵辱《りょうじょく》したり、略奪《りゃくだつ》したりするような軍隊は嫌《きら》われます。一方、徳と節度を持ち、軍規を守る者は、尊敬の念を持たれます。そのように、戦いの専門家においても、「規律を守るかどうか」「民《たみ》に対する考えや思いはどうか」というようなところで徳を測られるものなのです。

やはり、そこには〝別の美学〟が働いているのでしょう。人類史のなかには、いろいろなことがあるので、完全には避《さ》け切れないものがあるのです。

「マクロの観点」の善悪は、人間心ではなかなか分からない

大川隆法　例えば、マルチン・ルターの霊言《れいげん》を出しましたが（『公開霊言　ルターの語る「新しき宗教改革のビジョン」』〔幸福の科学出版刊〕参照）、ルターは、バチカンの金集めについて、「サン・ピエトロ寺院を建てるために、『チャリンチャリンと金の音がするたびに天国が近づく』などという文句《もんく》でお金を集めているのははけしからん」と思ったわけです。そして、『聖書《せいしょ》』による救済、万人《ばんにん》

司祭主義を唱えて、思想的にぶつかりました。

しかし、それはそれとして、ぶつかってもいいけれども、その後、大きな宗教戦争が起きています。三十年間ぐらいの大きな戦争が起き、人口が何分の一かに減るようなことがあったわけです。

それだけの戦争を起こすのは、神の力なのか、悪魔《あくま》の力なのか、分からないところもあるでしょう。人類史上、どう判断すべきか、問題はあると思うのですが、そうした主義・主張や信念のために、人は戦うこともあります。また、それが正しいかどうかは、その時点で分からないこともあるのです。

あるいは、イエス・キリストが出てこなければ、イエスを信じてついていく人もいなかったでしょう。もし、イエスを信じてついていく人が出なかったとしたら、ローマによる三百年以上の迫害《はくがい》もなかったわけです。

もちろん、ローマだけではなく、滅《ほろ》びるまでのユダヤの民による迫害も受けました。旧宗教としてのユダヤ教による迫害と、ローマによる迫害と、両方を受けています。そして、たくさんのキリスト教徒、キリスト教の洗礼《せんれい》を受けた人が殺されました。ライオンに食べられたり、十字架《じゅうじか》にかけられたりしたわけです。

これに対して、「イエスが出なければ、こういうことはなかった。人が死ななかった。そのほうがいいから、イエスは出るべきではなかった。このときに出たイエスは、悪魔の代理人だった」というような考え方をする人もいるかもしれません。

確かに、「地上の命や安楽こそが最大の幸福だ」と考えるのならば、そういう人には出てきてもらわないほうがよいでしょう。「争いを起こすような人は来てくれないほうがいい」ということになります。ミクロの観点、あるいは個人の人生から見れば、そうなるわけです。

ただ、二千年の歴史から見た場合、もし、イエス・キリストが出なかったら、人類のその二千年間に、大きな空洞《くうどう》のような穴があいたことは事実でしょう。やはり、この間《かん》、地上の人類の精神史が数多くつくられてきたことは間違いありません。また、トータルでの〝損得計算〟は、天上界《てんじょうかい》でなされているものだと思います。

確かに、戦いの過程で、いろいろな悪魔も生じたであろうし、憎しみや被害《ひがい》もたくさん生じたでありましょうが、こうしたマクロのことについては、人間心では分からないものがあります。

そういう意味では、こうした全体について、「道徳」で語ることは難しいかもしれません。

殺生《せっしょう》に関する「道徳」と「法律」の共通点

大川隆法　それでは、道徳で言えることとは何でしょうか。

それは、法律で言われていることと同じではありますが、「自然状態、つまり通常の個人の生活状態において、生きとし生けるものは慈《いつく》しむべし」ということです。これは当たり前のことではありましょう。やはり、人間であろうと、動物であろうと、植物であろうと、命あるものに対して、無駄《むだ》に、いたずらに、命を奪《うば》ってはならないのです。

この世において、すべてのものが、その使命を全《まっと》うしようとして、また、その人生を全うしようとして努力しているわけですから、そうした幸福感を、むやみに奪い去るべきではありません。「一生、幸福に生きたい」という人間を、何の理由もなく殺したり、重傷を負わせたりするようなことは正しいことではないのです。

もちろん、「生きていくために、動物を食べなくてはいけない」という人間の性《さが》があるため、必要な動物や家畜《かちく》を殺さなければならないこともあるでしょう。そういう運命もあるので、確かに気の毒だとは思うし、それなりの悲劇は起きているのだとは思います。

ただし、必要以上のものを殺したりするべきではありません。また、その反面には、「食料がもったいない」という思想もあって、「『無駄に殺して、食べないで捨てる』ようなことをしてはならない」といった考えも出てきます。

あるいは、「植物であっても、みだりに傷《いた》めてはならない」という感じは出てくるでしょう。やはり、花壇《かだん》に咲《さ》いている花を折ったりするべきではないのです。私も、幼稚園《ようちえん》のころに悪さをしたことがあるので、恥《は》ずかしいかぎりではありますが、こうしたことをすると、道徳的には必ず怒《おこ》られます。花が咲いて、みなを楽しませているにもかかわらず、花を折ることで、花自身の寿命《じゅみょう》を終わらせたり、周りの人の喜びを奪ったりするようなことは迷惑行為《めいわくこうい》なのです。

したがって、一般的に、平時においては、そういう価値観は守られるべきだと思います。

「ナチスの大殺戮《だいさつりく》」を見て平和への考え方を変えたアインシュタイン

大川隆法　しかし、「国家の緊急《きんきゅう》事態的なこと」になってきた場合、考え方を変えなければならないことがあります。

要するに、自分個人の命を全うする尊さを選ぶよりも、もっと大きな価値を守らなくてはいけなかったり、国土のために戦わねばならなかったりすることがあるわけです。

例えば、第一次大戦が終わったときには、アインシュタインも、「いかなる理由においても、人殺しは犯罪だ」というようなことを言っていたにもかかわらず、ナチスが登場したことで、その考えを変えました。彼は、「ナチスが六百万人ものユダヤ人を殺す」という大殺戮《だいさつりく》が起きたのを見たわけです。もちろん、彼自身は、運よくイギリス経由で逃《のが》れることができたものの、あの大殺戮を見て、「絶対に人を殺してはならない」という考えについて撤回《てっかい》しました。

そして、第二次大戦からあとは、「私は、人殺しには反対だ。平和を愛する者である。しかし、そういう私であっても、私自身を殺しに来る者と、私の家族を殺しに来る者に対しては、銃《じゅう》を持って戦う」というように考え方を変えたのです。第一次大戦のときには平和主義の同志だったロマン・ロランなどと袂《たもと》を分かつことになったとしても、「やっぱり、それについては許せない」ということだったのでしょう。これは、ユダヤ人虐殺《ぎゃくさつ》など、ナチスのさまざまな恐《きょう》怖《ふ》を経験した者の言葉なのだと思います。

実際に、理由なく大勢の人が殺されるのを知ったときに、「私だって戦う。

●ロマン・ロラン（1866～1944）　第一次世界大戦時、フランス・ドイツ両国に戦争中止を訴えたノーベル文学賞受賞作家。代表作に『ジャン・クリストフ』などがある。アインシュタインとは平和主義の同志で長く交流が続いたが、アインシュタインの「兵役拒否だけでは戦争は終わらない」という意見に反発し、関係が途絶えた。

自分を殺しに来る、あるいは自分の家族を殺しに来る、さらには、自分の友達を殺しに来る者たちに対しては、自分だって抵抗《ていこう》するし、立ち向かう」というようなことを言って、彼自身、考え方を変えました。

このあたりは一つの参考になるのではないでしょうか。

アインシュタインは、当初、「二パーセントの人間が兵役拒否《へいえききょひ》すればいい。それだけの人間を刑務所《けいむしょ》に放り込んだら、刑務所は満杯《まんぱい》になるので、国家は犯罪を取り締《し》まれなくなり、国家的な暴力ができなくなるのだ」というようなことを言っていました。ところが、考えをガラリと変えたということは、「観念的な平和論」から、現実的なことへの気づきがあったのだと思うのです。

侵略《しんりゃく》国家を助長することを「平和主義」とは言わない

大川隆法　私も基本的に、人を殺すことをよいことだとは思っていません。しかし、例えば、「近くにある大国が、侵略《しんりゃく》の野心を持って、近隣《きんりん》の国に対する侵略の準備をしている」ということが客観的事実として見えたら、やはり、「ある程度防衛して、悪を犯《おか》させないようにする必要があるのではないか」と考えるタイプです。なぜなら、そうしなければ、もっとひどい結果が来るからです。

前述したように、安保法制に反対している人たちなどが、「平和主義」とか、「人命は尊い」とか、「戦争法案反対」とか、「立憲主義に違反《いはん》してけしからん」

とか、いろいろ言ってはデモ運動をしていたわけですが、その結果、どうなるのでしょうか。

それは、十倍、二十倍と、武装を進めて海洋進出を図《はか》ろうとしている国を有利にしたり、あるいは、勝手に海を埋《う》め立てて飛行場をつくり、他国の侵略を狙《ねら》っている国を助長したりしていくだけのことになるわけです。

そういうことであれば、必ずしも「平和主義」とは言えないでしょう。それでは、(前述の「岳飛伝」で言えば)金《きん》が侵入してきたときに、ただただ南へ逃げていった南宋のようなものかもしれません。やはり、私としては、「戦う人が必要になる」と思うわけです。

また、原発についても、「事故で人が死ぬこともあるから、原発はないほうがいい」という考え方もあります。しかし、事故について言えば、火力発電で

◆新時代の道徳へのヒント⑫

私も基本的に、

人を殺すことをよいことだとは思っていません。

しかし、例えば、「近くにある大国が、侵略《しんりゃく》の野心を持って、

近隣《きんりん》の国に対する侵略の準備をしている」ということが

客観的事実として見えたら、やはり、「ある程度防衛して、

悪を犯《おか》させないようにする必要があるのではないか」

と考えるタイプです。

も事故は起きるし、水力発電でも事故は起きるわけです。ダムを一つつくろうとしたら、何人かは確実に死ぬでしょう。そのように、絶対に人が死ぬし、事故も起きます。何をしても、そうしたことになるのです。

さらには、「オスプレイが墜《お》ちる」と言って反対運動なども行われていますが、事故が起きるのはオスプレイだけではありません。車だって事故は起きるし、船だって起きます。電車だって起きるでしょう。何であっても事故は起きるわけで、リスクのない乗り物などないのです。

やはり、そうしたリスク計算をした上で、必要かどうかの判断をしなければいけないので、〝感情的〟にだけ振《ふ》れていくのはよくないと思います。

民主主義が正当に機能していない現代の日本

大川隆法　原発について、さらに考えてみましょう。

今、中国が南沙諸島《なんさ》等で基地をつくっていますが、中国とフィリピンとの間で戦争が起き、その上、中国に台湾《たいわん》まで押さえられてしまったら、日本のタンカーは、アラビア半島のほうからは来られません。入ってくるところがなくなってしまうのです。

そのようにタンカーを塞《ふさ》がれると、燃料が入らなくなって発電ができなくなり、工場は全部ストップします。第二次大戦の前に日本は石油を止《と》められ、アメリカとの戦争に入ったわけですが、それとそっくりの状況が起きるということでしょう。

つまり、「平和主義」を言っている人のために石油が入ってこなくなり、その結果、戦争が起きることになりかねないのです。

そういう意味で、「戦争を起こしたくなければ、プルトニウムを使って発電できるシステムを維持《いじ》しておかないと危険だ」ということになるのですが、そういうことを比較衡量《ひかくこうりょう》しながら述べているものの、なかなか分かってくれません。それは、大手のテレビ局や新聞社であっても、分かってくれないのは同じです。

どうやら、原発に反対している人たちは〝平和勢力〟に見えるのに、賛成している人たちは、ものすごく好戦的で肉食獣《じゅう》のように見えるらしいので、宗教家としては非常に残念だと思ってはいました。

それでも、「損な役割であっても、誰《だれ》かが言わなくてはいけない」と思って言ってはいるものの、自民党は、選挙のときには、そういうことを全然言いません。幸福実現党だけが言っていたのですが、自民党は選挙で勝ったあと、こちらが言っていたようなことを、そのままやっているような状態です。

これでは、「民主主義は、実は正当には機能していない」と思われます。「正しいことを言っているところが票を取れずに、それを言わなかったところが選挙に勝つ。さらに、勝ったところが言わなかったことを政策として実現する」ということであれば、選挙の意味があまりないかたちになっているでしょう。

実際に、そういうことになっているわけです。

●自民党は……　幸福実現党は、原発の再稼働や集団的自衛権の必要性を一貫して訴えてきたが、自民党は選挙の際、これらに関して明確な言及を避けていた。しかし、安倍政権では幸福実現党の主旨を取り入れ、原発の再稼働を推進する政策を取り(2015年8月に鹿児島県の川内原発が再稼働)、また、集団的自衛権の行使容認を含む安全保障関連法案を成立させた(2015年9月)。

「悪法も法なり」と言って毒杯《どくはい》を仰《あお》いだソクラテスの愛国心

大川隆法　そのように、マクロとミクロの両方を見なくてはいけないので、「正しさの観念」も非常に難しいとは思いますし、私も基本的には、「人を殺すべきではない」と思っています。

しかし、私も、大きな価値観のため、あるいは、国土を護《まも》ったり、自分の仲間たちや、家族、愛する者たちを護ったりするためであれば、「ソクラテスが戦場に出たように、私自身も戦場に出ることがあるかもしれない」という気持ちは持っているのです。それが役割としてあるならば、そういうこともあるかもしれません。宗教家であっても、そのように考えねばならないときはあるだろうと思います。

やはり、どう考えても被害が出る場合もあるわけですから、そのときには、「後世《こうせい》の観点から見て、どのように行動するべきであるか」を考えなくてはいけないでしょう。

確かに、ソクラテスは、「悪法も法なり」と言って死んでいきました。今の観点から見て、アテネの民主制の下《もと》、陪審員《ばいしんいん》による多数決でソクラテスを死刑にしたことにはまったく納得《なっとく》がいかないのですが、彼は、「悪法も法なり」と言って毒杯《どくはい》を仰《あお》いで死んでいったわけです。しかも、牢《ろう》の番人も友達たちも、手引きをし、お金を出して、逃がしてくれようとしていました。救い出さなかったら、あとあと、周りからどんな悪口を言われるか分からないということで、友達まで逃がそうとしてくれていたにもかかわらず、結局逃げなかったのです。

つまり、「悪法も法なり。後世の目から考えた場合、逃げることでアテネの法制が信頼《しんらい》を失う害のほうが大きいだろう。その行為のよし悪《あ》しについては後世の人に委《ゆだ》ねるけれども、私としては法を破らない」と、彼自身は判断しました。それほど、国を愛していたのでしょう。さんざん、彼をこき下《お》ろした国民ではあったけれども、それを護ったのだと思います。

確かに、そういう考え方もあるので、価値観にはいろいろあって、本当に難しいわけです。

9　今のマスコミに必要なもの

マスコミには「善悪を判断する資格」があるのか

大川隆法　また、現代では、大きな問題について、新聞やテレビ等が、道徳の教科書に代わって判断してくれることも多いでしょう。しかし、この世的な「色」「金」「欲」に関することについては、週刊誌が道徳の教科書を担《にな》っているようなところがあります（笑）。「道徳の教科書は、週刊誌」ということになっていて、実に不思議で、〝怪《あや》しい関係〟になっているのです。

もし、道徳の教科書として判定するのであれば、執筆者《しっぴつしゃ》たちは、名前や顔、経歴、人生観等を明らかにすべきでしょう。やはり、「どういう価値判断の下《もと》にその記事を書いているか」ということを明らかにする義務があると思います。

ところが、今は〝覆面《ふくめん》状態〟で、「辻斬《つじぎ》り型」にいろいろと価値判断を下《くだ》しては、世の中を動かしているわけです。

例えば、道徳に関して、いちばん生《なま》で動いている最先端《さいせんたん》の難しいところは、実際上、〝週刊誌裁判〟になっているのではないでしょうか。

ただ、これについては、はっきり言って、あまり定見《ていけん》があるとは思えません。週刊誌の考え方は、「売れるかどうか」という観点からも出ているはずです。

したがって、こうした週刊誌を、「道徳の教科書」とは言わないまでも、「参考書」として読むことは可能ではありますが、「彼らは神様ではないんだ」ということは知っていなくてはいけません。

やはり、民主主義的にマスコミが擁護《ようご》されているのは、巨大《きょだい》な権力に対して石つぶてでも投げるような役割があるからです。例えば、巨人ゴリアテと戦ったダビデは、石つぶてで額《ひたい》を撃《う》つところから始めたわけですが、そのような感じでしょう。

確かに、巨大な国家権力とか、独裁者とかに対しては、石つぶてを投げるようなつもりで、小さな記事によって攻撃《こうげき》し、包囲していくのがマスコミの使命だとは思います。

ところが、食べていくためには、それだけでは足りないわけです。そこで例えば、安倍《あべ》総理を悪者にしようとするのですが、一人だけでは記事が足りず、悪者をもう少し増やさなくてはいけないということで、いろいろな人を攻撃し始めます。ただ、その攻撃のなかには失敗もたくさんあるでしょう。

やはり、マスコミといっても、その信頼度《しんらい》を世論《せろん》調査すると、週刊誌等でだいたい五十パーセントと言われています。要するに、「当たるも八卦《はっけ》、当たらぬも八卦」で、五分五分《ごぶごぶ》のものを御託宣《ごたくせん》のように出し、世の中を攪乱《かくらん》しているわけです。

しかし、その影響力《えいきょうりょく》の大きさを考えるならば、「『自分たちが、善悪を判断するだけの立場にある』ということを明らかにしなければいけないのではないか」と、私は思っています。

例えば、こういうものが、宗教に対して、いろいろと価値判断を加えてくるわけですが、「それだけの資格があるのかどうかを明らかにしていただきたい」という気持ちがあるのです。

少なくとも、「自分は、どういう立場に立って、そう言っているのか」は明らかにすべきであって、「こう書いたほうが売れるから」という理由だけでやっているのであれば、それは無責任すぎるのではないでしょうか。そういう意味で、単純化すると、「色・金・欲を断罪することが正義なんだ」というような価値観が、けっこう日本を動かしているところがあります。

現代の民主政では「マスコミの解釈学《かいしゃくがく》」が非常に大事

大川隆法　ところが、こうしたことは、日本だけかと思ったらそうでもなく、アメリカも同じかもしれません。

いわゆるヒーローものの映画等に、「スパイダーマン」や「スーパーマン」

などがありますが、ああいうものを観《み》てもそう感じることがあります。

例えば、スパイダーマンは、普段《ふだん》、ピーター・パーカーとして、新聞社で非常勤のカメラマンをしており、「一枚幾《いく》ら」で写真を買ってもらっているぐらいの立場です。

その彼が、編集長から、「スパイダーマンを撮《と》ってこい!」と言われて、撮ってくるのですが、それでは終わりません。「ほかにいい写真はないのか。こんなはずはない。こいつは、絶対、もっと悪いことをやっている。『スパイダーマンは悪人だ!』ということを暴《あば》きたいんだから、そういう写真を撮ってこい!」と言われます。つまり、ピーター本人は、自分がスパイダーマンなのに「スパイダーマンの悪事を暴け! 絶対、悪があるに違《ちが》いない」と決めつけられているのです。さらに、「一面トップは、『スパイダーマンは、隠《かく》れた悪を犯《おか》している』だ。それで、すぐに記事を組め！」と言われています。

また、スーパーマンは、クラーク・ケントとして、デイリー・プラネットという新聞社に勤める記者です。そして、普段は善良で、おとなしく、ボーッとしているのですが、その彼がコロッと変わって悪と戦います。

ところが、スーパーマンも、やっていることとしては、徹底《てってい》的に悪と戦っているだけなのに、マスコミは、「裏があるんじゃないか。悪かもしらん！」というように捉《とら》えるわけです。

やはり、マスコミには、そのような本能があるのでしょう。

ただ、そういうことを知り、そのあたりの〝修正〟まで織り込《こ》んだ上で、マスコミ報道等を斟酌《しんしゃく》する人は少ないと思います。

そういう意味では、「マスコミ学」もなかなか難しいものなのですが、現代の民主政を考える上では、「マスコミの解釈学《かいしゃくがく》」が非常に大事になってくるのではないでしょうか。

そして、そのためには、やはり道徳を一本、入れていかないといけない面はあると感じます。

大川直樹　本日は、さまざまな観点からのお話を頂き、ありがとうございました。

◆新時代の道徳へのヒント⑬

現代の民主政を考える上では、「マスコミの解釈学《かいしゃくがく》」が非常に大事になってくるのではないでしょうか。

そして、そのためには、やはり道徳を一本、入れていかないといけない面はあると感じます。

あとがき

本書は、体系的に考えて私が語り下《お》ろしたものではなく、大川直樹《なおき》氏の一つ一つの質問にていねいに答えていったものを一冊にまとめたものである。直樹上級理事は、関西の同志社《どうししゃ》中学・高校・大学で学んだ方で、キリスト教的基盤《きばん》の上に、自由な校風の中、育った方である。本人自身も社会科の教員の資格も持っている。このため、本書全体にも、学生、生徒たちをどのように道徳的に導くべきかという視点が、一貫して反映《はんえい》されている。

小学生、中学生、高校生、大学生、それぞれの年代に、要求されるべき、「自由」、「規律《きりつ》」、「責任」があるであろう。集団と個人との関係で、どのように善悪の基準を考えていくべきか。そこに人間としての成熟《せいじゅく》と、社会人としての健全性《けんぜんせい》が育《はぐく》まれていくと思われる。万全《ばんぜん》な答えにはなっていないが、いまの学校教育に足りず、これからの日本に必要なことがヒントとして出されていると思う。

二〇一六年　一月十三日

幸福《こうふく》の科学《かがく》グループ創始者兼総裁《そうししゃけんそうさい》　大川隆法《おおかわりゅうほう》

『新時代の道徳を考える』大川隆法著作関連書籍

『正義の法』（幸福の科学出版刊）
『教育の法』（同右）
『教育の使命』（同右）
『新しき大学の理念』（同右）
『公開霊言 ルターの語る「新しき宗教改革のビジョン」』（同右）
『国を守る宗教の力』（幸福実現党刊）

新時代《しんじだい》の道徳《どうとく》を考える

――いま善悪をどうとらえ、教えるべきか――

2016年1月28日　初版第1刷

著　者　　大《おお》川《かわ》隆《りゅう》法《ほう》

発行所　　幸福の科学出版株式会社

〒107-0052 東京都港区赤坂2丁目10番14号

TEL(03)5573-7700

http://www.irhpress.co.jp/

印刷・製本　株式会社 堀内印刷所

落丁・乱丁本はおとりかえいたします

ISBN978-4-86395-756-5 C0037

写真：Olivier Le Moal/Shutterstock.com ／ Ajay Shrivastava/Shutterstock.com

大川隆法ベストセラーズ・理想の教育を目指して

真のエリートを目指して

努力に勝《まさ》る天才なし

幸福の科学学園で説かれた法話を収録。「学力を伸ばすコツ」「勉強と運動を両立させる秘訣」など、未来を拓く心構えや勉強法が満載。

1,400円

父と娘のハッピー対談

未来をひらく教育論

大川隆法　大川咲也加　共著

時代が求める国際感覚や実践的勉強法など、教養きらめく対話がはずむ。世代を超えて語り合う、教育のあり方。

1,200円

吉田松陰「現代の教育論・人材論」を語る

「教育者の使命は、一人ひとりの心のロウソクに火を灯すこと」。維新の志士たちを数多く育てた偉大な教育者・吉田松陰の「魂のメッセージ」!

1,500円

大川隆法ベストセラーズ・日本の誇りを取り戻す

日本建国の原点

この国に誇りと自信を

二千年以上もつづく統一国家を育んできた神々の思いとは——。著者が日本神道・縁《ゆかり》の地で語った「日本の誇り」と「愛国心」がこの一冊に。

1,800円

自由を守る国へ

国師が語る「経済・外交・教育」の指針

アベノミクス、国防問題、教育改革……。国師・大川隆法が、安倍政権の課題と改善策を鋭く指摘！　日本の政治の未来を拓く「鍵」がここに。

1,500円

国を守る宗教の力

この国に正論と正義を

立党時から国防と経済の危機を警告してきた国師が、迷走する国難日本を一喝！　日本を復活させる正論を訴える。【幸福実現党刊】

1,500円

※表示価格は本体価格（税別）です。

大川隆法シリーズ・最新刊

守護霊インタビュー
ドナルド・トランプ アメリカ復活への戦略

次期アメリカ大統領を狙う不動産王の知られざる素顔とは？ 過激な発言を繰り返しても支持率トップを走る「ドナルド旋風」の秘密に迫る！

1,400円

北朝鮮・金正恩はなぜ「水爆実験」をしたのか

緊急守護霊インタビュー

2016年の年頭を狙った理由とは？ イランとの軍事連携はあるのか？ そして今後の思惑《おもわく》とは？ 北の最高指導者の本心に迫る守護霊インタビュー。

1,400円

元相撲協会理事長 横綱
北の湖の霊言 ひたすら勝負に勝つ法

死後3週目のラスト・メッセージ

精進、忍耐、そして"神事を行う者"の誇りと自覚──。国技の頂点に立ちつづけた昭和の名横綱が、死後三週目に語った「勝負哲学」。

1,400円

「パンダ学」入門

私の生き方・考え方

大川紫央　著

忙しい時でも、まわりを和《なご》ませ、癒《いや》してくれる──。その「人柄」から「総裁を支える仕事」まで、大川隆法総裁夫人の知られざる素顔を初公開！

1,300円

幸福の科学出版

天使は、見捨てない。
天使に
I'm fine!
アイム・ファイン
製作総指揮/大川隆法
雲母(きらら)　芦川よしみ　金子昇　清水一希　合香美希
原作/『アイム・ファイン』大川隆法(幸福の科学出版)
監督・脚本/園田映人　音楽/大門一也　製作:ニュースター・プロダクション　制作プロダクション:ジャンゴフィルム　配給:日活　配給協力:東京テアトル
©2016ニュースター・プロダクション
5つの傷ついた心に、奇跡を起こす —
3.19(SAT)ROADSHOW
www.newstar-pro.com/tenshi/
NIKKATSU

幸福の科学グループのご案内

宗教、教育、政治、出版などの活動を通じて、
地球的ユートピアの実現を目指しています。

幸福の科学

一九八六年に立宗。信仰の対象は、地球系霊団の最高大霊、主エル・カンターレ。世界百カ国以上の国々に信者を持ち、全人類救済という尊い使命のもと、信者は、「愛」と「悟り」と「ユートピア建設」の教えの実践、伝道に励んでいます。

（二〇一六年一月現在）

愛

幸福の科学の「愛」とは、与える愛です。これは、仏教の慈悲《じひ》や布施《ふせ》の精神と同じことです。信者は、仏法真理をお伝えすることを通して、多くの方に幸福な人生を送っていただくための活動に励んでいます。

悟り

「悟り」とは、自らが仏の子であることを知るということです。教学《きょうがく》や精神統一によって心を磨き、智慧《ちえ》を得て悩みを解決すると共に、天使・菩薩《ぼさつ》の境地を目指し、より多くの人を救える力を身につけていきます。

ユートピア建設

私たち人間は、地上に理想世界を建設するという尊い使命を持って生まれてきています。社会の悪を押しとどめ、善を推し進めるために、信者はさまざまな活動に積極的に参加しています。

国内外の世界で貧困や災害、心の病で苦しんでいる人々に対しては、現地メンバーや支援団体と連携して、物心両面にわたり、あらゆる手段で手を差し伸べています。

年間約３万人の自殺者を減らすため、全国各地で街頭キャンペーンを展開しています。

公式サイト **www.withyou-hs.net**

ヘレン・ケラーを理想として活動する、ハンディキャップを持つ方とボランティアの会です。視聴覚障害者、肢体不自由な方々に仏法真理を学んでいただくための、さまざまなサポートをしています。

公式サイト **www.helen-hs.net**

INFORMATION

お近くの精舎・支部・拠点など、お問い合わせは、こちらまで！

幸福の科学サービスセンター

TEL. 03-5793-1727（受付時間 火～金：10～20時／土・日・祝日：10～18時）

幸福の科学 公式サイト happy-science.jp

HSU

ハッピー・サイエンス・ユニバーシティ

Happy Science University

**私たちは、理想的な教育を試みることによって、
本当に、「この国の未来を背負って立つ人材」を
送り出したいのです。**

（大川隆法著『教育の使命』より）

ハッピー・サイエンス・ユニバーシティとは

ハッピー・サイエンス・ユニバーシティ（HSU）は、大川隆法総裁が設立された
「現代の松下村塾」であり、「日本発の本格私学」です。
建学の精神として「幸福の探究と新文明の創造」を掲げ、
チャレンジ精神にあふれ、新時代を切り拓く人材の輩出を目指します。

住所 〒299-4325 千葉県長生郡長生村一松丙 4427-1
TEL.0475-32-7770

学部のご案内

人間幸福学部

人間学を学び、新時代を切り拓くリーダーとなる

人間の本質と真実の幸福について深く探究し、
高い語学力や国際教養を身につけ、人類の幸福に貢献する
新時代のリーダーを目指します。

経営成功学部

企業や国家の繁栄を実現する、起業家精神あふれる人材となる

企業と社会を繁栄に導くビジネスリーダー・真理経営者や、
国家と世界の発展に貢献する
起業家精神あふれる人材を輩出します。

未来産業学部

新文明の源流を創造するチャレンジャーとなる

未来産業の基礎となる理系科目を幅広く修得し、
新たな産業を起こす創造力と起業家精神を磨き、
未来文明の源流を開拓します。

未来創造学部

2016年4月
開設予定

時代を変え、未来を創る主役となる

政治家やジャーナリスト、ライター、俳優・タレントなどのスター、
映画監督・脚本家などのクリエーターを目指し、国家や世界の発展、
幸福化に貢献できるマクロ的影響力を持った徳ある人材を育てます。

キャンパスは東京がメインとなり、2年制の短期特進課程も新設します（4年制の1年次は千葉です）。2017年3月までは、赤坂「ユートピア活動推進館」、2017年4月より東京都江東区（東西線東陽町駅近く）の新校舎「HSU未来創造・東京キャンパス」がキャンパスとなります。

教育

学校法人 幸福の科学学園

学校法人 幸福の科学学園は、幸福の科学の教育理念のもとにつくられた教育機関です。人間にとって最も大切な宗教教育の導入を通じて精神性を高めながら、ユートピア建設に貢献する人材輩出を目指しています。

幸福の科学学園

中学校・高等学校（那須本校）
2010年4月開校・栃木県那須郡（男女共学・全寮制）
TEL 0287-75-7777
公式サイト happy-science.ac.jp

関西中学校・高等学校（関西校）
2013年4月開校・滋賀県大津市（男女共学・寮及び通学）
TEL 077-573-7774
公式サイト kansai.happy-science.ac.jp

ハッピー・サイエンス・ユニバーシティ（HSU）
TEL 0475-32-7770

仏法真理塾「サクセスNo.1」 TEL 03-5750-0747（東京本校）

小・中・高校生が、信仰教育を基礎にしながら、「勉強も『心の修行』」と考えて学んでいます。

不登校児支援スクール「ネバー・マインド」 TEL 03-5750-1741
心の面からのアプローチを重視して、不登校の子供たちを支援しています。
また、障害児支援の「**ユー・アー・エンゼル！」運動**も行っています。

エンゼルプランV TEL 03-5750-0757
幼少時からの心の教育を大切にして、信仰をベースにした幼児教育を行っています。

シニア・プラン21 TEL 03-6384-0778
希望に満ちた生涯現役人生のために、年齢を問わず、多くの方が学んでいます。

NPO 活動支援

学校からのいじめ追放を目指し、さまざまな社会提言をしています。また、各地でのシンポジウムや学校への啓発ポスター掲示等に取り組む一般財団法人「いじめから子供を守ろうネットワーク」を支援しています。

ブログ blog.mamoro.org
公式サイト mamoro.org
相談窓口 TEL.03-5719-2170

政治

幸福実現党

内《ない》憂《ゆう》外《がい》患《かん》の国難に立ち向かうべく、二〇〇九年五月に幸福実現党を立党しました。創立者である大川隆法党総裁の精神的指導のもと、宗教だけでは解決できない問題に取り組み、幸福を具体化するための力になっています。

党員の機関紙
「幸福実現NEWS」

TEL 03-6441-0754
公式サイト hr-party.jp

出版 メディア 事業

幸福の科学出版

大川隆法総裁の仏法真理の書を中心に、ビジネス、自己啓発、小説など、さまざまなジャンルの書籍・雑誌を出版しています。他にも、映画事業、文学・学術発展のための振興事業、テレビ・ラジオ番組の提供など、幸福の科学文化を広げる事業を行っています。

アー・ユー・ハッピー?
are-you-happy.com

ザ・リバティ
the-liberty.com

幸福の科学出版
TEL 03-5573-7700
公式サイト irhpress.co.jp

THE FACT

ザ・ファクト
マスコミが報道しない
「事実」を世界に伝える
ネット・オピニオン番組

Youtubeにて
随時好評配信中！

ザ・ファクト　検索

入会のご案内

あなたも、幸福の科学に集い、ほんとうの幸福を見つけてみませんか？

幸福の科学では、大川隆法総裁が説く仏法真理をもとに、
「どうすれば幸福になれるのか、また、
他の人を幸福にできるのか」を学び、実践しています。

入会

大川隆法総裁の教えを信じ、学ぼうとする方なら、どなたでも入会できます。入会された方には、『入会版「正心法語」』が授与されます。（入会の奉納は1,000円目安です）

ネットでも**入会**
できます。詳しくは、
下記URLへ。
happy-science.jp/joinus

三帰《さんき》誓願《せいがん》

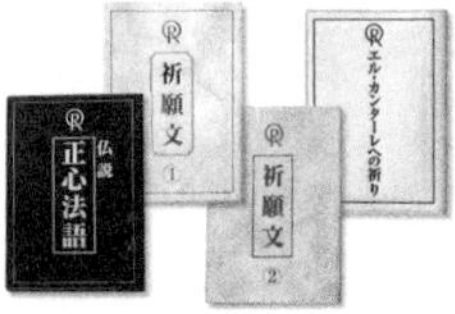

仏弟子としてさらに信仰を深めたい方は、仏・法・僧の三宝への帰依を誓う「三帰誓願式」を受けることができます。三帰誓願者には、『仏説・正心法語』『祈願文①』『祈願文②』『エル・カンターレへの祈り』が授与されます。

植福《しょくふく》の会

植福は、ユートピア建設のために、自分の富を差し出す尊い布施の行為です。布施の機会として、毎月1口1,000円からお申込みいただける、「植福の会」がございます。

ご希望の方には、幸福の科学の小冊子（毎月1回）をお送りいたします。詳しくは、下記の電話番号までお問い合わせください。

月刊
「幸福の科学」

ザ・伝道

ヤング・ブッダ

ヘルメス・
エンゼルズ

INFORMATION	幸福の科学サービスセンター TEL. 03-5793-1727（受付時間 火～金:10～20時／土・日・祝日:10～18時） 幸福の科学 公式サイト happy-science.jp